MARTÍN RUANO

RESET

¿QUIERES SEGUIR HACIENDO LO QUE ESTÁS HACIENDO?

EDITORIAL DUNKEN
Buenos Aires
2017

Ruano, Martín
    Reset ¿Quieres seguir haciendo lo que estás haciendo?
Ilustrado por Sebastián Vartanian.
    1a ed. - Ciudad Autónoma de Buenos Aires: Dunken, 2017.
    136 p. il. 21x15 cm.

    ISBN 978-987-763-060-2

    1. Superación Personal. I. Vartanian, Sebastián, ilus.
    II. Título.
    CDD 158.1

Ilustraciones y diseño de tapa: Sebastián Vartanian

Impreso por Editorial Dunken
Ayacucho 357 (C1025AAG) - Capital Federal
Tel/fax: 4954-7700 / 4954-7300
E-mail: *info@dunken.com.ar*
Página web: *www.dunken.com.ar*

Hecho el depósito que prevé la ley 11.723
Impreso en la Argentina
© 2017 Martín Ruano
e-mail: info@martinruano.com
Página web del autor: www.martinruano.com
ISBN 978-987-763-060-2

"La vida es como llevar un mensaje del niño que fuiste al anciano que serás. Tienes que intentar que ese mensaje no se pierda por el camino".[1]

[1] Frase del documental "Human" de Yann Arthus-Bertrand.

ÍNDICE

Introducción 9

Capítulo 1 ¿Cuál es tu propósito en el mundo? 15
Idea 1: GPS para elegir el camino 25
Ejercicio 1: Conectar los puntos 31

Capítulo 2 ¿Disfrutar el presente o sembrar para el futuro? 33
Idea 2: No comer el malvavisco.. 38
Idea 3: Hacer lo correcto, aunque sea por las
    razones incorrectas 42
Ejercicio 2: Celebrar "Contratos de Compromiso" 45

Capítulo 3 ¿Cuánto te pesa la opinión de los demás? 49
Idea 4: Salir del closet 56
Idea 5: Decir NO 60
Ejercicio 3: Zona de (dis)confort 64
Ejercicio 4: Desconectado 66

Capítulo 4 ¿Quién juega en tu equipo? 69
Idea 6: No seas el mejor del salón 74
Ejercicio 5: Dime con quién andas… 76
Ejercicio 6: Correrse del centro 78

Capítulo 5 ¿Cuántas horas de vida vas a pagar
    por eso?.. 81
Idea 7: Minimalismo 87
Ejercicio 7: Desafío de las 100 cosas.. 89

Ejercicio 8: La mudanza 91

Capítulo 6 ¿A qué le tienes miedo? 93
Idea 8: Desarrollar los músculos del coraje 99
Idea 9: Reprogramar nuestra amígdala 102
Ejercicio 9: El peor escenario 105
Ejercicio 10: Atrapado por las cámaras 107

Capítulo 7 ¿Qué harías si no tuvieras miedo? 109
Idea 10: Buscar fracasar 113
Ejercicio 11: Bucket List 115
Ejercicio 12: Que parezca un accidente 117

Capítulo 8 ¿Por qué no ahora? 119
Idea 11: Que empiece la acción 123
Idea 12: El poder de la sincronicidad 125
Ejercicio 13: Experimento 365 128
Ejercicio 14: Viaje en el tiempo 131

INTRODUCCIÓN

Si tuvieras 99 años y estuvieras muriendo en tu cama, pero tuvieras la posibilidad de apretar RESET y volver a este preciso momento, ¿qué harías? ¿Seguirías haciendo lo que estás haciendo? ¿Seguirías en tu empleo? ¿Seguirías con tu actual pareja? ¿Cambiarías algo de tu vida presente? ¿Qué le diría tu yo del futuro a tu yo del presente si pudieran hablar por un minuto? ¿Qué le dirías a tu yo de hace 10 años si pudieras hablar con él o ella por un minuto?

Apretar RESET, no se trata de reiniciar tu vida en el sentido de "volver al inicio". Se trata de tomar conciencia de que nuestro paso por esta vida es muy corto, y de que tenemos la posibilidad (y la responsabilidad) de hacer todos los cambios que sean necesarios, cuando la vida que estamos viviendo ya no nos está haciendo bien.

La enfermera australiana Bronnie Ware trabajó durante años en el cuidado de enfermos terminales en sus últimas tres a doce semanas de vida. Tras escucharlos durante años, decidió publicar un libro en el que compila los principales arrepentimientos de la gente antes de morir. "Los cinco mandamientos para tener una vida plena" (así se titula su libro) se resumen en:

1. Ojalá hubiera tenido el coraje de hacer lo que realmente quería hacer y no lo que los otros esperaban que hiciera.
2. Ojalá no hubiera trabajado tanto.
3. Hubiera deseado tener el coraje de expresar lo que realmente sentía.
4. Habría querido volver a tener contacto con mis amigos.

5. Me hubiera gustado ser más feliz.

Si te murieras ahora, en este instante, ¿estarías orgulloso de tu vida? Si tu respuesta es no, ¿qué deberías cambiar hoy mismo para que cuando ese momento llegue no te preguntes "qué hubiera pasado si me hubiera animado a hacer tal cosa"?

Cuando uno elige cómo vivir, está eligiendo también cómo morir. Así que dejemos de preocuparnos por qué pasa si lo intentamos y empecemos a preocuparnos por qué pasa si no lo intentamos.

Hoy es lo más joven que jamás volveremos a ser, por lo cual no parece una buena idea seguir postergando nuestros sueños. Como dicen "Los Redonditos de Ricota": vivir, sólo cuesta vida.

Y si bien no sabemos cuándo va a ocurrir, la muerte es una de las pocas certezas que tenemos en la vida. Todos sabemos que cada segundo que pasa no vuelve, y sin embargo, vivimos como si no fuéramos a morirnos nunca. Como si después de esta vida de trabajar duro para pagar las cuotas del televisor nuevo, fuéramos a vivir otra vez más, y esta vez sí, nos fuéramos a enfocar en disfrutar en plenitud cada segundo de vida.

> *"La vida es aquello que te sucede mientras estás ocupado haciendo otros planes".*
>
> JOHN LENNON

Muchas veces me han aconsejado que hay que aprovechar la vida que es corta y se pasa rápido. Pero cuando he preguntado cómo se hace eso o cuál es la receta (si es que hay alguna), sólo he obtenido respuestas como: "la respuesta está en tu interior", "todo pasa por algo", "querer es poder", etcétera.

Puede que todo eso sea cierto, pero imagínate que estás navegando con tu barco en medio de una feroz tormenta, y cuando pides ayuda por radio te responden: "la respuesta está en tu interior". Bien, eso mismo que estás pensando es lo que les respondería yo.

Pasamos horas frente al televisor envidiando la vida de celebridades que cada dos por tres mueren de sobredosis porque no toleran sus vidas. Somos fanáticos del deporte, pero preferimos mirarlo a través de una pantalla, desde la comodidad de nuestro sillón.

Desperdiciamos nuestros mejores años de vida, esperando que pase algo extraordinario en nuestras vidas ordinarias. Soñando con que nuestra suerte va a cambiar uno de estos días, y ahí sí, cumpliremos todo eso que venimos postergando.

Dejemos de buscar amar lo que hacemos y empecemos a hacer lo que amamos. No seamos los mejores en algo que no nos interesa o en algo que odiamos. No nos acomodemos a lo mejor que encontramos o a las oportunidades que se nos presentaron. Tal como ocurre en el casino, para ganar (y también para perder) en grande, hay que arriesgar en grande.

Nadie nos asegura que nos vaya a ir bien en nada de lo que hagamos, por lo tanto es preferible "fracasar" haciendo algo que realmente nos guste. La vida es muy corta como para no intentarlo.

Este libro es para aquellos que miran el mundo a su alrededor y tienen la ligera impresión de que se están perdiendo algo, de que tiene que haber "algo más". Es para aquellos que se levantan todos los días en una especie de piloto automático, pero saben en el fondo que algo no anda bien, que la vida que viven no se parece a aquella que planearon hace unos años. Es para aquellos que no quieren llegar a su vejez y preguntarse: "¿qué hubiera pasado si me hubiera animado?".

¿Y qué pasaría si cuando llegamos a casa de un trabajo que nos apasiona nos encontramos con la pareja que nos apasiona? ¿Y si esa pareja también llega del trabajo que le apasiona? ¿Cómo sería un mundo lleno de gente apasionada que no se conformó con lo que les tocó?

Los siguientes 8 capítulos, contienen 8 preguntas que te ayudarán a identificar cuáles son esas cosas que verdaderamente se interponen entre tú y ese sueño que te mantiene despierto por las noches, de una forma que dudo que hayas visto antes.

En cada uno de los 8 capítulos, encontrarás además ideas y ejercicios bastante poco convencionales, que te ayudarán a cambiar algunos hábitos y así poder empezar a modificar tu realidad.

Así que te invito a seguir leyendo este libro solamente si estás dispuesto a soñar y sobretodo a vivir en grande, si crees realmente que vale la pena arriesgar tu presente seguro por un futuro incierto pero lleno de potenciales aventuras.

CAPÍTULO 1

*¿Cuál es tu propósito
en el mundo?*

Si encontrar nuestro propósito en la vida es algo tan atractivo, ¿por qué no vemos a todo el mundo desesperado por descubrirlo?

En primer lugar, no todo el mundo cree que vengamos a este mundo con un propósito que cumplir. Hace unos pocos miles de años, nuestro principal objetivo era simplemente sobrevivir a todos los predadores que amenazaban nuestra existencia. Luego, el hombre fue formando sociedades y éstas, a su vez, lo fueron volviendo un ser mucho más complejo.

A pesar de ello, muchos siguen sosteniendo en la actualidad, que nuestro único propósito en la vida es simplemente… ser.

Para los existencialistas, la existencia precede a la esencia. Esto quiere decir que, a diferencia de un reloj, que fue fabricado con el propósito de marcar la hora (la esencia precede a la existencia), los seres humanos no tienen un propósito particular.

Sólo a través de nuestras acciones empezaremos a definir cuál será nuestro propósito en la vida. "El hombre no es otra cosa que su propio proyecto", escribe Jean Paul Sartre.

Creer que venimos a este mundo con un propósito o una misión que cumplir, nos coloca en una agotadora carrera hacia su descubrimiento, sin ninguna garantía de tener éxito en dicha búsqueda.

En segundo lugar, muchísima gente que sí cree tener un propósito en esta vida, no tiene la menor idea de cuál sea éste, y gran parte de ellos incluso se mueren sin jamás descubrirlo.

Y por último, no todos aquellos que sí conocen (o creen conocer) su propósito, están dispuestos a hacer todo lo necesario para alcanzarlo.

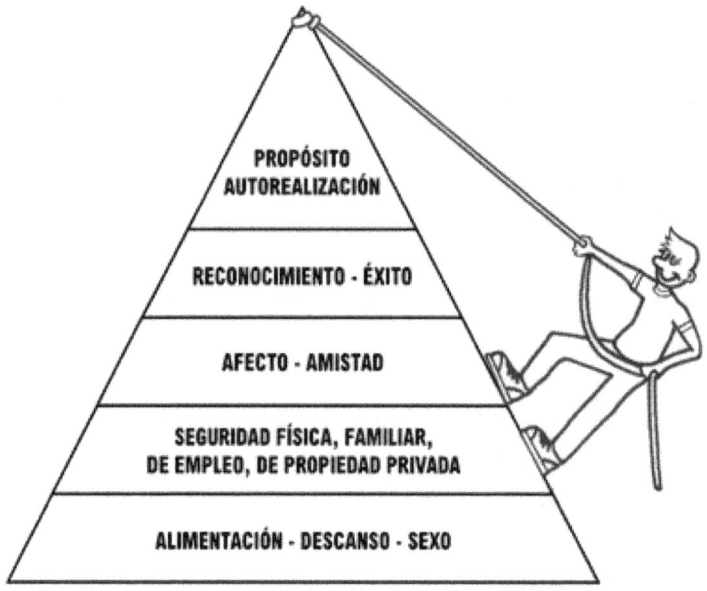

Cuando nos preocupamos por una necesidad más compleja como la de descubrir nuestro propósito en el mundo, las necesidades más básicas como tener casa, empleo y comida, se encuentran normalmente cubiertas.

La pirámide de Maslow (incluida en la obra "Una teoría sobre la motivación humana" – 1943, de Abraham Maslow) estudia la jerarquía de las necesidades humanas.

En la base de la pirámide se encuentran las necesidades más básicas para nuestra supervivencia, como el agua, el aire y el alimento.

A medida que vamos subiendo en la pirámide más y más de nuestras necesidades van siendo cubiertas, hasta llegar a la cima donde se encuentra la autorrealización, es decir, la búsqueda de nuestro propósito en este mundo. Éste es el punto en el cual aprovechamos al máximo nuestros talentos y alcanzamos nuestro máximo potencial.

> *"Los dos días más importantes de tu vida son el día en que naces y el día en que descubres para qué".*
>
> MARK TWAIN

Hace no demasiado tiempo atrás, la mayoría de la gente no se preocupaba por descubrir su propósito, ya que casi con seguridad, su destino sería seguir la labor de sus padres: las hijas de las costureras aprendían a coser y se convertían en costureras y luego sus hijas seguirían la misma suerte. Lo mismo ocurriría con los hijos del herrero, del carpintero, etcétera.

Hoy la realidad es otra. Ya desde chicos, algunos muestran mayor interés por la música, otros por el deporte, otros por las matemáticas, otros por la moda...

Ni bien terminamos el colegio, nos encontramos con una abrumadora cantidad de posibles carreras y empleos. Pero el hecho de que podamos ser contadores, policías o repartidores de pizzas, no significa que tengamos que serlo. No tenemos por qué limitarnos a aquello que somos capaces de hacer, también podemos ir tras eso que verdaderamente deseamos hacer.

19

En 1997 Amy Wrzesniewski, de la Universidad Yale, publicó un documento titulado: "Jobs, Careers, and Callings: People's Relations to Their Work", donde destaca las siguientes tres percepciones de la gente sobre su trabajo: 1) como un simple empleo, 2) como una carrera, y 3) como una "llamada" (término que proviene de la concepción religiosa de que la gente se siente llamada por Dios para hacer determinado trabajo).

Las personas que ven su trabajo como un simple empleo, no ven la hora de que llegue el fin de semana, las vacaciones y su retiro. Si no necesitaran el dinero, seguramente cambiarían inmediatamente de trabajo.

Las personas que viven su trabajo como una carrera, buscan permanentemente avanzar dentro de la escala laboral. Hoy están en un puesto en el que esperan no estar dentro de cinco años.

Por último, las personas que sienten en sus trabajos esa "llamada" no se mueven por su ánimo de lucro o por la promoción de su carrera, sino por el placer que encuentran en realizar un trabajo que consideran valioso para ellos y/o para el mundo.

Lamentablemente, a medida que vamos creciendo, es común que nuestros padres intenten ayudarnos a elegir el camino que "más nos conviene". Luego nuestros maestros nos dicen en qué somos buenos y en qué no, luego la televisión y algunos amigos nos dicen qué es "cool" y qué no... Y así, de a poco, nos vamos olvidando de esos intereses primarios más puros que hacen a nuestra identidad.

A medida que vamos creciendo, empezamos a convencernos de que madurar, implica en cierto modo abandonar algunos de esos sueños infantiles.

En "la vida real" hay que pagar las cuentas a fin de mes, ser un buen esposo/a, llevar los chicos al colegio, mantener la casa limpia y ordenada… y todos esos sueños inmaduros no van con el modelo de vida que "debemos" elegir.

Todos tenemos muy buenas excusas para no hacer eso que realmente quisiéramos hacer. Pero si de cualquier modo vamos a necesitar trabajar y ganar dinero, ¿no es preferible hacer algo que nos llene el alma? ¡La vida es muy corta como para no hacer lo que amamos!

Veremos que, a medida que subimos en la pirámide de Maslow, tal como en muchas otras decisiones importantes de nuestra vida, nos encontramos con que el camino se divide en dos partes: lo probable (lo que nos enseñaron como "la vida real"), y lo posible ("la vida que soñamos").

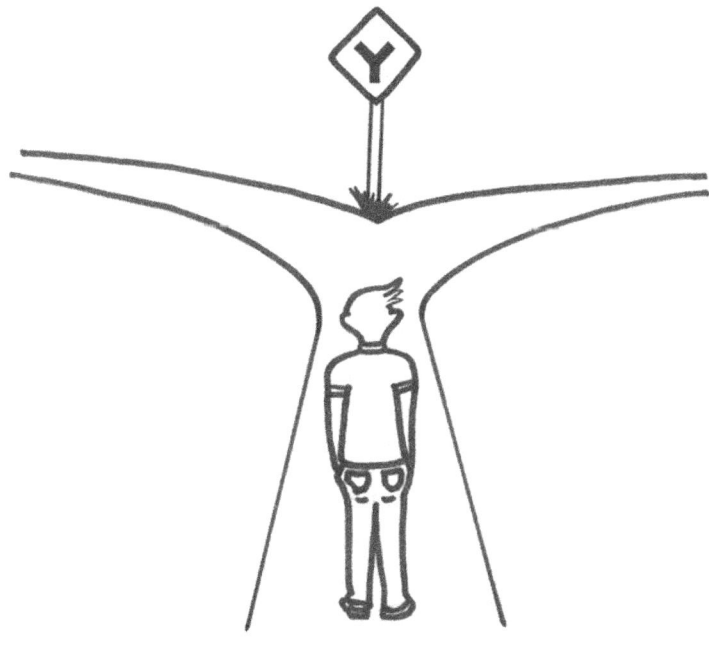

Lo probable: aquello que a primera vista nos ofrece una mayor seguridad y un riesgo menor. Y lo posible: aquello que soñamos, pero que según las estadísticas o la opinión de la mayoría tiene pocas chances de éxito.

Por ejemplo: si yo leo un estudio que dice que la profesión más requerida en los próximos 15 años será la ingeniería informática, y por esta razón me decido a estudiar esa carrera, estoy yendo por el camino de lo probable. Si a pesar de ello, decido probar suerte con mi pasión por la pintura, estaré yendo por el camino de lo posible (aunque no del todo probable).

> *"Tomar empleos para edificar tu curriculum es como guardar sexo para tu vejez".*
>
> WARREN BUFFET

Si yo siento que mi pareja no me hace del todo feliz, pero me quedo con ella porque pienso que ya estoy viejo para conocer a alguien más y enamorarme, estaré yendo por el camino de lo probable. Si me arriesgo a encontrar el amor que sueño, aun sabiendo que me puede ir mal, estaré yendo por el camino de lo posible.

Otros ejemplos comunes de elección del camino probable por sobre el posible podrían ser: continuar con el negocio de nuestra familia a pesar de que no sea lo que nos guste, aceptar una inesperada oferta laboral sólo porque el sueldo es tentador, etcétera.

El hombre, por naturaleza, tiene aversión a la incertidumbre y al riesgo. Por ello, su tendencia más natural será la de ir por el camino más conocido, el de lo probable.

Puede ocurrir que en algún caso tengamos la suerte de que justo la primera persona que conocemos y que nos gusta esté perdidamente enamorada de nosotros, o que el trabajo de nuestros sueños esté en continuar y hacer crecer el negocio familiar. Los que no tenemos esa suerte, nos encontramos con que el camino de lo probable y el de lo posible están separados.

En general, no creemos que lo que estamos buscando se encuentre en el camino de lo probable, pero aun así seguimos buscándolo allí por miedo a salir a explorar lo desconocido. Es como el cuento ese del hombre que perdió las llaves del auto en el jardín, pero las buscaba adentro de la casa porque allí había más luz.

Nuestro instinto de supervivencia nos dice que nos quedemos en donde estamos, que tenemos techo, comida, y quizás, algo de afecto. Pero a veces nuestro propósito (ya veremos de qué se trata) es tan fuerte, que nos hace ir en contra del propio instinto de supervivencia.

El instinto de supervivencia no es algo exclusivo de la raza humana. Basta con observar en la naturaleza cómo cada especie lucha por escapar de sus predadores hasta las últimas consecuencias. Sin embargo, el ser humano tiene la capacidad de creer en algunas causas con tal intensisidad, que es incluso capaz de dar su vida por ellas. El extremismo religioso es una prueba fiel de ello.

Pese a encontrarse fuera del camino de lo probable, nuestro grado de compromiso con cierto propósito puede llegar a ser tan fuerte, que aceptemos poner en riesgo algunas necesidades de orden más básico de la pirámide.

Por ejemplo, si fuéramos activistas defensores de los derechos de los animales, y nuestro propósito fuera "que se cierren todos los zoológicos de la ciudad", podríamos tener miedo de meternos en problemas legales con los dueños de los zoológicos, o incluso de perder nuestro trabajo por volvernos demasiado "problemáticos". Sin embargo, si ese propósito es suficientemente importante para nosotros, ninguno de esos razonables temores podrá detenernos.

La historia está llena de grandes hombres que han sido perseguidos por defender ideas demasiado evolucionadas para su época. Pero gracias a su coraje hoy sabemos, por ejemplo, que la Tierra es redonda (al menos hasta que alguna otra audaz persona se anime a cuestionar esto y pruebe lo contrario).

Entonces... ¿qué es este propósito? ¿Y cómo se llega a tener un compromiso tan grande con él como para aceptar poner en riesgo nuestra propia seguridad?

IDEA 1:
GPS PARA ELEGIR EL CAMINO

La mejor forma de descubrir nuestro propósito es elegir una vez tras otra, y sin ningún tipo de especulaciones, el camino de lo posible por sobre lo probable. Esto puede parecer básico, pero son muy pocas las personas que viven su vida de esta manera, confiando en que este camino los va a llevar a donde deban estar.

Como dijo Steve Jobs en su famoso discurso de graduación en la Universidad de Stanford en 2005, es imposible conectar los puntos mirando hacia el futuro: "No puedes conectar los puntos hacia adelante, sólo puedes hacerlo hacia atrás. Así que tienes que confiar en que los puntos se conectarán de algún modo en el futuro. Tienes que confiar en algo, tu instinto, el destino, la vida, el karma, lo que sea. Porque creyendo en que los puntos se van a conectar al final del camino, te dará la confianza para seguir a tu corazón, incluso cuando te lleve por fuera del camino más transitado, y eso es lo que hará la diferencia".

Y si no se puede conectar los puntos mirando hacia el futuro, ¿en qué dirección debemos caminar? ¿Cómo sabemos cuál de todos los caminos posibles debemos tomar?

Por lo pronto, cualquiera sea el camino que elijamos, es muy probable que en él tengamos muchas pruebas y errores (pues nadie sabe con certeza cómo se sentirá haciendo algo, hasta que lo hace). Y si bien esos errores son normalmente necesarios para ir corrigiendo el rumbo, entender los siguientes 4 conceptos fundamentales, nos ayudarán a no caminar "a ciegas" del mismo modo que nos ayuda una brújula o un GPS.

Veamos de qué se tratan:

1. La curiosidad

Olvidémonos por un momento del "tengo que" (ganar dinero, conseguir pareja, etcétera). Eso sólo nos llevará de vuelta al camino de lo probable y aquí estamos tratando de explorar el camino de lo posible.

Enfocarnos en solucionar el problema no nos hace despertarnos apasionados por las mañanas, del mismo modo que solucionar la gotera en el techo de nuestra casa probablemente no nos convierta en apasionados por la albañilería.

El camino del sacrificio y el dolor no es el mejor para encontrar nuestro propósito, porque en general no buscamos sacrificio y dolor, buscamos instintivamente aquello en lo que se nos va el tiempo sin darnos cuenta, aquello en lo que "fluimos".

Para ello es importante prestarle atención a una herramienta muy poderosa: nuestra curiosidad.

Cuando algo nos despierta curiosidad, le dedicamos mucho más tiempo en nuestra cabeza, y por ende, generamos ideas más creativas.

Los niños, en general, suelen tener una gran curiosidad, pues para ellos todo es novedoso y fascinante.

Lamentablemente, tanto el sistema educativo tradicional, como algunos padres, suelen terminan por atrofiar esta curiosidad que siente el niño por algunos temas, llenándolo de información que poco se relaciona con sus intereses más naturales.

Es cierto que muchas veces no resulta tan fácil captar las señales del universo o escuchar a nuestra voz interior, pero en lugar de tirarnos en el sillón a intentar descifrar el sentido de la vida, empecemos a prestarle atención a nuestras curiosidades, y dejemos que éstas nos lleven adonde quieran.

2. Valores

Cuando no tenemos idea de qué es lo que nos interesa o nos importa, significa que no conocemos nuestros valores. Y cuando no conocemos nuestros valores, corremos el riesgo de vivir según los valores y las prioridades de otros.

Nuestros valores representan lo que es importante para nosotros. Nos demos cuenta o no, nuestros valores influyen directamente sobre nuestro comportamiento, nuestros hábitos, elecciones y estilo de vida.

Cuando aún no identificamos cuáles son los valores importantes para nosotros, tomamos constantemente decisiones contradictorias, dependiendo en muchos casos del estado de ánimo de ese momento. O también suele pasarnos que nos sentimos frustrados o culpables y no entendemos bien por qué. Esto se debe a que, aunque no seamos conscientes de ello, probablemente hemos hecho algo que va en contra de nuestros valores.

Por ejemplo, si nuestro principal valor fuera la honestidad, y sobornamos a alguien o sabemos de algún acto de corrupción y no lo denunciamos, probablemente sentiremos desarmonía.

Del mismo modo, si consideramos que uno de nuestros valores más importantes es la salud y nos preocupamos por mantener una dieta sana, si un día vamos a una fiesta y perdemos el control de lo que comemos y nos llenamos de tortas y dulces, es probable que al poco tiempo nos sintamos muy culpables y arrepentidos.

Cuanta mayor claridad tengamos acerca de nuestros valores, más rápido podremos identificar la razón de nuestro malestar, y más rápido podremos corregir el rumbo.

Cuando ya reconocemos nuestros valores, empezamos a tomar decisiones más coherentes entre sí. Empieza a aparecer un criterio, y se empieza a ver cierto patrón.

Así como las grandes compañías desarrollan su misión y visión, y luego alinean sus acciones (o al menos eso deberían hacer) hacia esos valores, del mismo modo deberíamos nosotros establecer una misión y visión para nuestra vida.

No importa si más adelante nuestra misión y visión cambian, pero cada vez que dudemos si debemos tomar un determinado empleo, formar una pareja con determinada persona, etcétera, debemos preguntarnos si eso se alinea con nuestra misión y visión. Así tendremos un parámetro, aunque sea genérico, de hacia dónde queremos ir, y sobre todo, hacia dónde NO queremos ir con nuestras vidas.

Por ejemplo, si decimos que lo que más nos importa es pasar tiempo con nuestra familia, tomar un nuevo empleo que nos demande pasar cada vez más tiempo en la oficina, no se alineará con nuestros valores. Lo mismo ocurrirá si decimos que lo más importante para nosotros es la libertad, y nos ponemos en pareja con una persona demasiado posesiva.

En conclusión, sólo identificando qué valores son importantes para nosotros, podremos elegir consistentemente, una vez tras otra, el camino de lo posible que sea más coherente con ellos.

3. Pasión

Se suele decir que a una persona le apasiona algo cuando siente una gran afinidad o entusiasmo por ello. En nuestro ejemplo anterior (si fuéramos defensores de los derechos de los animales y quisiéramos que cerraran todos los zoológicos de la ciudad), nuestra pasión podría ser el amor por la naturaleza.

Siguiendo nuestra curiosidad (como vimos en el punto 1) y familiarizándonos con nuestros valores (como vimos en el punto 2), elegiremos una y otra vez el camino de lo posible. Y como **la pasión es una consecuencia de la acción y no una causa de ella**, en ese camino de coherencia con nosotros mismos, empezarán a aparecer nuestras pasiones.

Y cuando nos cueste encontrar una pasión, en lugar de rompernos la cabeza buscando algo que nos guste, podemos probar pensar en algo que odiemos, y ponernos a trabajar para solucionarlo. A veces nos cuesta menos conectarnos con lo que odiamos, que con lo que amamos.

4. Propósito

La pasión es algo interno, una emoción. Nuestro propósito, en cambio, es la exteriorización o la forma de salir al mundo real de nuestras pasiones. Es la capa más externa.

Nuestras circunstancias y la gente que nos ha rodeado tienen una gran influencia sobre nuestros propósitos. Si nuestro propósito es "que se cierren todos los zoológicos de la ciudad", es probable que alguna vez yo haya disfrutado de la compañía de un animal o que haya estado en un zoológico y haya visto la mirada triste de los animales enjaulados, etcétera. Si no hubiera nada que me identificara con los animales, es probable que mi propósito fuera otro distinto.

Nuestro propósito funciona como una especie de vehículo para canalizar o exteriorizar la pasión que llevamos dentro, del mismo modo en el que una pareja o un hijo nos ayudan a canalizar o expresar el gran amor que llevamos dentro.

A medida que crecemos, a veces cambiamos de pareja, y a veces cambiamos de propósito, pero lo que en realidad vamos cambiando son los vehículos a través de los cuales expresamos aquello más profundo que llevamos dentro (nuestras pasiones).

Pero conocer nuestro propósito no es lo único importante. Una vez que lo descubrimos, comienza lo verdaderamente difícil: vivir una vida coherente con dicho propósito, alineando nuestras decisiones y acciones con él.

> *"Felicidad es cuando lo que piensas, lo que dices y lo que haces, están en armonía".*
>
> MAHATMA GANDHI

EJERCICIO 1:
CONECTAR LOS PUNTOS

Aunque muchas veces vivamos como si no, lo cierto es que el futuro va a llegar. Y donde sea que te encuentres, cuando estés allí te vas a preguntar "¿cómo llegué aquí?". Y tal como dijo Steve Jobs, mirarás para atrás y conectarás los puntos hasta donde estés.

Si te la pasaste haciendo cosas que te hacían feliz, es muy probable que te guste donde estés. Si te la pasaste haciendo cosas que no te gustaban o no te hacían feliz (por obligación o para hacer felices a otros), es muy probable que no te guste donde estés.

Por ello, el siguiente ejercicio consiste en elegir consistentemente durante un mes (puedes empezar por una semana si un mes te parece demasiado), el camino de lo posible por sobre el de lo probable. Cada vez que tengas la posibilidad de elegir, elige lo posible antes que lo probable.

No se trata de que digas "hoy no tengo ganas de ir a trabajar" y te quedes en tu casa mirando televisión. Pero cada vez que se te presente una elección durante este período, pregúntate si lo que estás por hacer se alinea con tu misión y visión, y en base a ello, haz siempre aquello que más te acerque a ellas.

Anímate a seguir el camino de tus pasiones y luego del mes, fíjate a dónde te ha llevado. Y si aún no sabes cuál es tu pasión, piensa en algo que quieras hacer (algo tiene que haber). Puede ser ir a jugar al tenis, cocinar una receta nueva, dibujar, lo que sea que tengas muchas ganas de hacer. Y cuando lo hayas hecho, piensa otra cosa, y luego otra más y así sucesivamente. Siguiendo el camino de las cosas que amas, empiezan a aparecer otras, y luego otras más.

Olvídate por un momento de qué es lo que más te conviene para tu carrera, para tus finanzas o para tu reputación. Intenta seguir tus pasiones y verás que éstas te llevarán a donde quieras llegar (o por lo menos mucho más cerca que si no las sigues).

CAPÍTULO 2

*¿Disfrutar el presente
o sembrar para el futuro?*

¿Deberíamos vivir más el momento o ser prudentes y sembrar para nuestro futuro? Esta es una apuesta que hacemos, y como tal, puede salirnos bien o mal…

Quienes apuestan a un futuro mejor, aceptan trabajar duro y sufrir algunas privaciones hoy, a fin de alcanzar algún objetivo mañana.

Quienes no confían en que vendrá un futuro mejor, suelen priorizar el gozo presente sin especular con las consecuencias. Como decía el poeta romano Horacio en su obra "Odas": *"Carpe diem, quam minimum credula postero"* que significa algo así como "aprovecha el día, no confíes en el mañana".

Disfrutar el momento presente sin especular con las consecuencias suena tentador, pero… ¿qué pasa si el mundo no se destruye mañana y no nos hemos preparado para lo que el futuro nos depara? ¿Y si en cambio nos morimos mañana y nos pasamos una vida de privaciones sembrando para un futuro que nunca nos llegará?

¿Existe alguna forma de disfrutar el presente mientras estamos sembrando para nuestro futuro?

Para ello, debemos cambiar el paradigma tradicional de **"construir nuestro presente en base al futuro"** que nos han enseñado, por el de **"construir nuestro futuro en base al presente"**.

Éste es, posiblemente, el concepto más valioso que exista en todo este libro: **"construir nuestro futuro en base al presente"**.

"Construir nuestro presente en base al futuro" consiste en vivir haciendo cosas que no nos gustan para algún día eventualmente empezar a disfrutar o ver los resultados. "Construir nuestro futuro en base al presente", consiste en hacer hoy los cambios que queremos en nuestra vida y confiar en que el futuro va a ser coherente con ello.

Por ejemplo, en lugar de estudiar finanzas porque quiero tener mucho dinero (construir nuestro presente en base al futuro), estudio ciencias veterinarias porque amo pasar tiempo con animales (construir nuestro futuro en base al presente).

> *"Encuentra un trabajo que te guste, y no tendrás que volver a trabajar ni un sólo día de tu vida".*
>
> CONFUCIO

Si nuestra vida y nuestros valores no se alinean hoy, en el futuro no se van a alinear tampoco. Podemos hacer un millón de planes sobre cómo mejoraremos nuestra salud en los próximos meses, pero si mientras llamamos por teléfono a un gimnasio para inscribirnos, tenemos un cigarrillo en la mano, es muy probable que fracasemos.

Como nos enseña el autor alemán Eckhart Tolle: El poder para crear un mejor futuro está contenido en el momento presente. Para crear un buen futuro, debemos necesariamente crear primero un buen presente.

Nos la pasamos dilatando decisiones bajo la falsa esperanza de que algún día dejaremos de sentir eso que estamos sintiendo: si nuestro trabajo no nos gusta ahora, es muy poco probable que nos guste cuando nos den nuestro ansiado ascenso. Si nuestra pareja no nos gusta ahora, es muy poco probable que nos guste cuando tengamos dos hijos con ella.

Construir nuestro futuro en base al presente, no significa vivir el presente como si nunca fuera a haber un mañana. No significa que no haya que trabajar duro. Hemos deformado el concepto de *"Carpe diem"*. Se trata ni más ni menos que de construir el futuro en base a nuestras *sensaciones* en el presente.

Si prestamos atención, notaremos que nuestro cuerpo nos da señales todo el tiempo sobre aquello que nos hace bien y hace vibrar nuestro corazón, y también sobre aquello que nos hace mal o nos angustia.

El problema es que muchas veces elegimos ignorar esas señales: por miedo, por mandatos sociales, o simplemente porque nuestra fuerza de voluntad es débil y cedemos con facilidad ante la enorme cantidad de tentaciones que hoy en día nos rodean y nos distraen de aquello que realmente nos importa.

Pero los mandatos sociales y la enorme cantidad de tentaciones que nos rodean, son algo externo a nosotros. Es poco lo que podemos hacer al respecto. En cambio, nuestros miedos y nuestra falta de fuerza de voluntad, pertenecen a nuestro mundo interno, y entonces está dentro de nuestras posibilidades hacer algo al respecto.

IDEA 2:
NO COMER EL MALVAVISCO

"Mañana comienzo la dieta, la semana que viene dejo de fumar, el mes que viene me inscribo en el gimnasio, y el próximo año cambio de trabajo". En el futuro siempre somos mejores personas... El problema es que siempre estamos en el presente.

> *"El futuro depende de lo que hagas hoy".*
> MAHATMA GANDHI

Estamos llenos de buenas intenciones, pero caemos siempre en alguna de las siguientes dos trampas: la búsqueda del placer inmediato o la evitación del dolor. ¿Por qué? Por nuestra falta de fuerza de voluntad.

Cuando sin querer apoyamos la mano en una hornalla caliente, la sacamos inmediatamente a toda velocidad antes de que tengamos siquiera tiempo de reaccionar. Es como si hubiera alguien más adentro nuestro que está moviendo nuestro esqueleto. Así de automáticos son nuestros mecanismos para evitar sentir dolor.

¿Y cómo vencemos a un enemigo que se mueve tan rápido?

La fuerza de voluntad es la capacidad que tenemos para controlar nuestros impulsos y dirigir nuestras conductas, haciendo a un lado la gratificación inmediata. De hecho, uno de los rasgos básicos de nuestra inteligencia emocional es la capacidad que tenemos de aplazar las gratificaciones.

El nivel de nuestra fuerza de voluntad impacta de forma directa sobre aspectos tales como nuestra estabilidad financiera (nuestras compras), nuestra salud física (ejercicio regular) y mental (la gente que frecuentamos), entre otros tantos.

Cuando nuestra fuerza de voluntad es débil, nos enfocamos únicamente en los beneficios presentes y no tenemos en cuenta las consecuencias. Nos volvemos esclavos de nuestros instintos y dejamos de ser libres.

Hoy en día vivimos en la era de lo instantáneo… ¿Queremos una cita? Podemos conseguir una ya mismo en Tinder; ¿Queremos una película? Podemos conseguir una en Netflix ahora mismo y sin movernos del sofá…

Comer un helado es delicioso, pero tener una buena figura y verse bien en el espejo es también muy lindo. El problema es que los beneficios de muchas cosas que no "nos convienen" se pueden disfrutar inmediatamente, en el corto plazo; mientras que los frutos de algunas cosas más importantes para nosotros, suelen volverse visibles recién en el mediano o largo plazo. Y no todo el mundo está dispuesto a postergar sus gratificaciones así nomás y sin garantías.

Lo mismo ocurre cuando consumimos alcohol, drogas, o cuando comemos comida chatarra… Sabemos que en el largo plazo estamos dañando nuestra salud, pero como el daño está en el futuro, mientras que el placer que experimentamos al consumir esas sustancias se encuentra en el presente, priorizamos esa satisfacción inmediata.

La importancia de postergar nuestras gratificaciones cobró especial notoriedad con el **"Test de los malvaviscos"**, un experimento realizado a principios de los años 70 por el psicólogo Walter Mischel de la Universidad de Stanford.

Para ello, Mischel reclutó un total de casi 600 niños de 4 a 6 años, a quienes sentaba frente a una mesa en una habitación vacía, y les ofrecía un malvavisco. Luego él se iba, pero les decía que regresaría 15 minutos más tarde, y que si al volver no se habían comido el malvavisco, les daría otro y podrían comerse los dos.

Solo un 30% de los niños fue capaz de esperar los 15 minutos que se habían estipulado. La mayoría de ellos sólo aguantó unos pocos minutos o se comió la golosina tan pronto como Mischel salió de la habitación.

Pero el estudio no terminó allí. Varios años más tarde, Mischel realizó un seguimiento de los participantes en su estudio, y observó que los niños que habían caído en la tentación del malvavisco, parecían más propensos a tener problemas de comportamiento tanto en la escuela como en la casa, más problemas de drogadicción y un índice de masa corporal más alto.

Es decir que, en caso de ser correctas las conclusiones de este experimento, permitirían predecir en cierta medida el éxito personal y/o profesional de las personas. Y más importante aún, se podría trabajar sobre las propias debilidades y sobre el autocontrol desde una edad temprana, y así aumentar nuestras chances de una vida futura más próspera y satisfactoria.

Solamente aquellos que lograron privarse de esa seguridad cortoplacista, quienes aceptaron correr el riesgo de ser defraudados y pudieron ver como todos a su alrededor se comían el malvavisco delante de ellos, sólo ellos pudieron averiguar qué seguía después.

La mayoría de las personas solemos vivir según el refrán "más vale pájaro en mano, que cien volando". Es por eso que muy pocos llegan a ver los otros 99. Solemos conformarnos por miedo a que lo que venga sea peor que lo que ya tenemos.

Como hemos dicho al comienzo del capítulo, se trata de una apuesta, y como tal, puede salirnos bien o mal... Y no todo el mundo puede soportar ese riesgo.

Además, el hecho de que las cosas no nos salgan tal como lo habíamos planeado, no quiere decir que estén mal. A veces lo mejor que nos puede pasar es que no se cumplan todos nuestros deseos.

Lo cierto es que no existe una receta mágica. La fuerza de voluntad es como un músculo que se fortalece con la práctica, se fatiga con el uso excesivo y se atrofia con la falta del mismo.

Se trata de no rendirse y de confiar en lo invisible. No en cosas místicas, sino confiar en que, si bien no existen garantías, *suele haber cierta lógica entre nuestras acciones y nuestros resultados*.

Aunque hoy no veamos los resultados de haber pasado una hora en el gimnasio, sabemos que los resultados van a aparecer si mantenemos nuestra constancia de hacer ejercicio regularmente. No sabemos cuándo va a ocurrir, pero confiamos en que es una fórmula que no suele fallar.

IDEA 3:
HACER LO CORRECTO, AUNQUE SEA POR LAS RAZONES INCORRECTAS

Como hemos dicho, la enorme cantidad de tentaciones que nos rodean son algo externo, pero hay algunas cosas que sí podemos hacer para disminuir su poder sobre nosotros.

Sólo tenemos una cierta cantidad de energía en el día para resistir a todas las tentaciones (no es infinita), así que cuanto más nos expongamos a ese tipo de situaciones, mayor será la probabilidad de que fracasemos.

Por eso es importante que, paralelamente con el desarrollo de la fuerza de voluntad, creemos las circunstancias que más favorezcan nuestros objetivos y aquello que decimos que es importante para nosotros.

Por ejemplo: si queremos dejar de ver televisión, tiremos las pilas del control remoto; si queremos fumar menos, podemos abrir un paquete de cigarrillos nuevo cada vez que queramos fumar un cigarrillo y tirar el resto, de modo que cada cigarrillo nos cueste el valor de un paquete entero; si queremos usar menos el teléfono celular, desinstalemos las aplicaciones que más utilicemos, etcétera.

Se trata de hacer lo correcto, aunque sea por las razones incorrectas, e incluso si tenemos que auto-engañarnos un poco.

En su charla TEDxDuke en 2011, el profesor Dan Ariely cuenta sobre un programa para adictos a la heroína llevado a cabo en la ciudad de Denver. Para entrar al programa, los interesados tenían que escribir una carta confesando su adicción a la heroína, dirigida a la persona que más les dolería que se enterara al respecto. Los responsables del programa mantendrían esa carta bien guardada, y periódicamente les harían análisis de sangre a los participantes para constatar que no hubiesen consumido. Si en algún momento los análisis dieran positivo, la carta sería enviada al destinatario designado.

Lo que ocurría era que cuando a la gente le agarraba la desesperación por consumir drogas, se dirigían a la sede del programa y pedían salirse. Para ello, el programa les solicitaba mantenerse sin consumir durante tres semanas, durante las cuales se les harían análisis diarios. El truco era que tres semanas es un tiempo suficiente para que el cuerpo superara esa crisis, pasado el cual, los adictos ya no necesitaban salirse del programa.

También podemos usar la tecnología (que a su vez es otra gran fuente de tentaciones y distracciones) para ayudarnos a "hacer lo correcto, aunque sea por las razones incorrectas". Dan Ariely también menciona algunas de estas opciones en esa charla:

- Clocky es un reloj despertador con ruedas que giran de manera independiente una de otra. Esto hace que se desplace por la habitación de manera impredecible, obligándonos a levantarnos de la cama y perseguirlo hasta atraparlo.
- SnūzNLūz es un reloj despertador que se conecta a nuestra cuenta bancaria y dona nuestro dinero a alguna institución (preferentemente una que odiemos), hasta que efectivamente nos despertemos.
- X3watch es un software que podemos instalar en la computadora, y que le avisa a nuestros contactos que estamos mirando pornografía.

- Para quienes quieren dejar de fumar, Pavlok es una pulsera que da pequeños (y no tan pequeños) shocks de electricidad al prender un cigarrillo. La idea es que el cerebro empiece a asociar al cigarrillo con una sensación desagradable, en lugar de una placentera.

El coaching es un método que consiste en acompañar o entrenar a una persona o a un grupo de personas, para que lleguen a la meta que quieren conseguir. En otras palabras, un coach nos ayuda a llegar de un punto A a un punto B, al que no podemos llegar por nuestros propios medios.

En algunos casos, el coaching puede entonces ser utilizado como una forma de auto-engañarnos. Pues nos conseguimos alguien a quien "rendirle cuentas" de nuestro progreso (capitalizando la importancia que le damos a no defraudar a los demás), ya que no somos capaces de cumplir las promesas que nos hacemos a nosotros mismos.

Necesitamos coaches, supervisores, personal trainers... cualquiera que pueda controlarnos y presionarnos con fechas límites y penalidades, y todo eso para que hagamos lo que nosotros mismos decimos que queremos hacer.

A muchos les choca esto de "auto-engañarse", y consideran que deberíamos enfocarnos en las causas de fondo de nuestra falta de fuerza de voluntad o de las actitudes autodestructivas que nos han llevado al lugar en el que estamos.

Nadie dice que no haya que analizar las causas de fondo. Pero esto no es incompatible con ayudarnos (aunque sea con algunos trucos o pequeños engaños) a crearnos las circunstancias que más nos ayuden a resistir las innumerables tentaciones del mundo externo y a conseguir aquello que estamos tratando de lograr.

EJERCICIO 2:
CELEBRAR "CONTRATOS DE COMPROMISO"

Como ya hemos visto, las personas no siempre hacemos lo que decimos que queremos hacer. Es por ello que a veces resulta útil agregarnos mecanismos externos de presión para ayudarnos a alcanzar aquello que deseamos, pero que de momento no estamos teniendo la fuerza o determinación para lograr por nuestra propia cuenta.

Los "Contratos de Compromiso" lo único que hacen es atar el resultado deseado a un premio o castigo, según corresponda el caso.

Un ejemplo de Contrato de Compromiso operando como premio podría ser el siguiente: hasta que no apruebe la última materia de la facultad no me compro ese auto que tanto quiero.

Un ejemplo de Contrato de Compromiso operando como castigo podría ser el siguiente: cada vez que fume un cigarrillo, tengo que prender fuego un billete de $10.

Estos son sólo ejemplos. Lo importante es que el premio sea algo lo suficientemente bueno como para motivarme a hacer aquello que quiero hacer pero que tanto me cuesta (en nuestro ejemplo, sentarme a estudiar); y que el castigo sea lo suficientemente malo para mí como para motivarme a no hacer aquello que pretendo evitar (en nuestro ejemplo, fumar).

Otro elemento importante puede ser la incorporación de un tercero a quien rendirle cuentas, que nos haga sentir presionados y que constate que hemos alcanzado nuestros objetivos.

Existen incluso páginas de internet y aplicaciones para celulares para celebrar Contratos de Compromiso online. La que más me ha llamado la atención es *StickK*, creada por dos profesores de la Universidad de Yale: Dean Karlan e Ian Ayres.

StickK permite nombrar a un referee que comprobará si las metas propuestas han sido alcanzadas o no, y debitará dinero de nuestra cuenta si nuestros objetivos no son cumplidos.

Según su página de internet, al incorporar un referee, las posibilidades de éxito aumentan hasta 2 veces; e incorporando esta especie de depósito de garantía, las posibilidades de éxito aumentan hasta 3 veces.

No importa si usas un software o no, la invitación de este ejercicio es a que pienses en ese objetivo que vienes queriendo alcanzar, y que celebres un Contrato de Compromiso.

Elige un premio o un castigo que sean lo suficientemente importantes para ti como para motivarte a hacer lo que sea necesario. Y designa a una persona de tu confianza, para rendirle cuentas de tu progreso, y para que no te deje sabotearte cuando tus energías estén bajas.

MODELO DE CONTRATO DE COMPROMISO

En la ciudad de _____, el ____/____/____

_____ (tu nombre) se compromete a _____ (objetivo escrito con absoluta claridad, como si se lo estuvieses explicando a un genio que ha salido de una lámpara mágica y te concederá el deseo de acuerdo con lo que entienda de lo que tú escribas aquí).

La fecha límite para cumplirlo será el: ____/____/____ (una fecha límite que razonablemente te permita cumplir el objetivo).

Si así no lo hiciere, _____ (penalidad lo suficientemente importante como para motivarte a nunca rendirte).

_____ (referee opcional), será el encargado de juzgar el cumplimiento de este Contrato de Compromiso, y eventualmente, de aplicar las penalidades.

--------------------------------- ---------------------------------
Firma del Comprometido   Firma del Referee

CAPÍTULO 3

*¿Cuánto te pesa la opinión
de los demás?*

¿Eres linda o fea? ¿Bueno o malo? ¿Inteligente o no tanto?... ¿Y cómo lo sabes?...

No nacemos con una opinión sobre nuestra belleza o capacidades, sino que la vamos formando a partir de nuestras distintas interacciones con el mundo.

Si les preguntamos a niños de 3 años quién es el más fuerte de la sala, probablemente todos levanten la mano. Si les preguntamos lo mismo a niños de 10 años, la mayoría probablemente señale a uno de sus compañeros. Evidentemente, en el medio de eso comenzamos a crear nuestra imagen propia y a desarrollar cierta conciencia de nuestras limitaciones.

Al parecer, para desarrollar nuestra identidad, para saber quiénes somos, recurrimos a la comparación con los demás.

En 1902, un sociólogo estadounidense llamado Charles Horton Cooley, desarrolló una teoría a la cual llamó "Looking Glass Self", algo así como el "yo espejo".

Esta teoría afirma que la imagen que tenemos de nosotros mismos, no proviene de quienes somos en realidad, sino de cómo creemos que los demás nos ven. Se trata de nuestra percepción de la percepción que creemos que los demás tienen de nosotros.

Si creemos, por ejemplo, que en nuestro entorno nos ven como personas atractivas, probablemente proyectaremos esa imagen (más allá de si hay algo de cierto en eso o no). Pero lamentablemente, lo mismo ocurrirá si creemos que nos consideran feos o que nos ven como perdedores, etcétera.

Pero ¿cuán exacta puede llegar a ser nuestra imagen de nosotros mismos, si está basada en una percepción (la nuestra) de otra percepción (la que creemos que los demás tienen de nosotros)?

Nos comparamos con todas las personas con las que interactuamos, hasta incluso con las estrellas de la televisión o del deporte. Comparamos nuestro cuerpo con el de las modelos de las revistas, y nuestras casas con las de los famosos.

Pero también usamos las comparaciones para sentirnos mejor con nosotros mismos. Tal es el caso, cuando nos comparamos con alguien que está peor que nosotros o que hace algo peor que nosotros, a fin de levantar nuestra autoestima y vernos mejor.

Es decir que nos comparamos hacia arriba y hacia abajo.

Cuando el saldo de la comparación da positivo, es decir que sentimos que estamos a la altura de nuestras expectativas y las de los demás, nos sentimos bien con nosotros mismos e incluso disfrutamos más de aquello que estamos sometiendo a la comparación.

Cuando en cambio el saldo de la comparación da negativo, solemos abandonar la actividad en cuestión, distanciarnos de quien representa esa amenaza a nuestra autoestima, autoconvencernos de que esa actividad ya no es tan importante para nosotros como creíamos, o en el mejor de los casos, nos comprometemos a trabajar duro para mejorar nuestro nivel en aquello que estamos comparando.

Y si bien como dijimos, nos comparamos con todo el mundo, cuanto más cercana es la otra persona, más pareciera afectarnos el resultado de la comparación. Por ejemplo, si yo juego al tenis todos los sábados con un amigo, es más probable que me afecte perder con él que con un tenista profesional. Es por esto que es común ver competencias entre miembros de una misma familia, o mismo dentro del matrimonio.

Para peor, hoy en día vivimos comparándonos a través de las redes sociales, las cuales parecieran haberse convertido en una gran competencia por quién gana más dinero, quién aparenta divertirse más, quién lleva la vida más glamorosa, etcétera.

Y como vivimos comparándonos con los demás, suele ocurrir que, cuando luego de un mal día (de esos que nunca faltan), nos conectamos a Facebook y vemos que nuestros amigos han estado publicando fotos de sus vacaciones o divirtiéndose con sus parejas, nos sentimos frustrados. No porque no nos alegremos de la felicidad de nuestros amigos, sino que, por comparación, nos sentimos mal con nosotros mismos.

> *"Es más probable que un hombre se meta en sus propios asuntos cuando éstos sean dignos de su atención. Cuando no lo son, él quita su mente de sus insignificantes asuntos y se mete en los de los demás."*
>
> Eric Hoffer

Lo cierto es que, lo aceptemos o no, la mirada de los otros nos afecta. El **Efecto Pigmalión**, es un fenómeno que describe cómo las expectativas de unos influyen en los resultados de otros.

Como prueba de ello, en 1963 el profesor en psicología Robert Rosenthal y Lenore Jacobson llevaron a cabo un estudio en una escuela primaria en California, que consistía en lo siguiente: a principios de año, se les hizo una prueba de habilidad general a algunos estudiantes, pero los resultados de dicha evaluación no fueron revelados a los maestros. Lo que se hizo, en cambio, fue señalarles a los maestros algunos estudiantes (alrededor del 20% elegidos completamente al azar) que teóricamente tenían un mayor potencial académico.

Al final del año, todos los estudiantes fueron nuevamente sometidos a la misma prueba, y sorprendentemente, las mayores mejoras fueron observadas en los alumnos originalmente señalados (al azar) como con mayor potencial académico.

Esto llevó a la conclusión de que, independientemente de las capacidades individuales, las actitudes y expectativas de los maestros, influyeron en el rendimiento de los estudiantes.

Cuando algunos maestros pierden las esperanzas con un alumno y ya no esperan tanto de él, suelen tener menos paciencia con su progreso, no esperan tanto tiempo para que respondan a una pregunta, ni ponen la misma energía en estimularlos a aprender.

Pero el hecho de que la mirada de los otros influya sobre nosotros, no quiere decir que la responsabilidad de todo lo que pasa en nuestras vidas sea de los demás. Hablar sobre factores externos, no implica quitarle peso a los factores internos.

> *"Somos lo que hacemos con lo que hicieron de nosotros".*
>
> JEAN PAUL SARTRE

Las expectativas y los juicios propios, pueden ser tan malos como los ajenos. Nosotros podemos ser más crueles con nosotros mismos, que todos a nuestro alrededor.

Además, mirar al de al lado no siempre es algo malo. Mirar al costado nos da información. Y esta información no es ni buena ni mala. Es información.

En una carrera de resistencia, los corredores regulan su esfuerzo en relación a la posición de los demás, evitando gastar toda la energía en los primeros tramos de la competencia, y a la vez, sin retrasarse más de la cuenta. En los torneos de golf, los golfistas están permanentemente pendientes de la posición de los demás jugadores, pues eso influye directamente sobre cuánto riesgo deben tomar en el siguiente golpe.

Se puede incluso mirar al de al lado como fuente de inspiración, y ver su éxito como una confirmación de que, poniendo el esfuerzo adecuado, "sí se puede". Podemos mirar al de al lado, pero en lugar de hacerlo con envidia, hacerlo con la humildad necesaria para escuchar y aprender. No olvidemos que: "El hombre inteligente aprende de sus propios errores, el sabio aprende de los errores de los demás".

Por último, mirar al costado puede ayudarnos a corregir el rumbo, y también a poner nuestras preocupaciones en perspectiva respecto a los demás problemas del mundo.

IDEA 4:
SALIR DEL CLOSET

Hoy en día se habla mucho de salir del closet, en general, haciendo referencia al coraje que debe reunir una persona para revelar su condición de gay al mundo.

Pero éste no es el único closet en el que solemos encerrarnos. Vivimos escondiendo quienes en verdad somos por temor al juicio ajeno, en lugar de hacernos responsables de nuestros respectivos caminos.

En adelante, vamos a utilizar el término "salir del closet" para indicar cuando alguien toma responsabilidad absoluta sobre quién es y sobre las circunstancias que lo han llevado a serlo.

> *"Tu tiempo es limitado, así que no lo desperdicies viviendo la vida de alguien más.*
>
> *No te dejes atrapar por el dogma, que es vivir según los resultados del pensamiento de otros.*
>
> *No dejes que el ruido de las opiniones de los demás ahogue tu propia voz interior.*
>
> *Y lo más importante, ten el coraje de seguir a tu corazón e intuición. De algún modo ellos ya saben lo que tú realmente quieres ser.*
>
> *Todo lo demás es secundario...".*
>
> Steve Jobs

Stephen Covey menciona en su libro "Los 7 hábitos de la gente altamente efectiva", tres teorías deterministas que pretenden explicar la naturaleza del hombre:

1. El determinismo genético: la razón por la cual somos como somos es genética, está en nuestro ADN. Por ello, la culpa de que tengamos mal carácter, no es nuestra, sino de nuestros antepasados.
2. El determinismo psíquico: la razón por la cual somos como somos, es debido a nuestra educación y experiencias durante la infancia, que fueron forjando nuestra personalidad y carácter. Por ello, nuestros padres y las demás personas que influyeron sobre nuestra crianza, son los grandes responsables de nuestros destinos y también de nuestros traumas.
3. El determinismo ambiental: dice que la culpa de nuestra situación actual es de algo de nuestro ambiente o alguien de nuestro entorno: la situación económica del país, nuestra pareja, nuestro jefe, etcétera.

El problema es que echar culpas no nos permite asumir la responsabilidad absoluta de nuestras vidas, y por ende, nos impide crecer y superarnos.

Es una decisión difícil y drástica: nuestra realidad es producto de nuestras circunstancias (somos feos, nacimos en una familia pobre, la situación económica del país, etcétera) o de nuestras decisiones (acepto que mi pareja me trate mal porque me da miedo estar solo, no me gusta mi trabajo pero me pagan bien o no creo que nadie más vaya a contratarme, etcétera).

Ambas posibilidades tienen sus ventajas y desventajas. Si lo que nos pasa es culpa de otros, somos inocentes de todo (no es culpa nuestra que el gobierno sea corrupto y que no haya trabajo), pero a su vez perdemos poder para modificar esa realidad. Si en cambio nos animamos a aceptar la responsabilidad de nuestras circunstancias, recuperaremos la capacidad para construir nuestro propio destino.

En el primer escenario somos inocentes e impotentes, y en el segundo escenario, somos responsables y potentes.

En el primer escenario vivimos la vida que se nos va presentando o que nos van presentando, y en el segundo, vivimos la vida que vamos construyendo (condicionados por supuesto por todas las variables del universo que están fuera de nuestro control).

Muchos "usan" de excusa a los demás para no hacerse cargo de su propia felicidad o infelicidad. Pero no es necesario que otros caigan para que nosotros subamos. "¿Y qué pasa si mi felicidad pasa por ascender al puesto que ocupa otro? ¿O por estar en pareja con alguien que hoy está con otro?". Puede que consigamos ese trabajo, o puede que no. Puede que conquistemos el amor de esa persona que nos gusta, o puede que no. Pero mientras nuestra felicidad siga dependiendo de factores externos, seguiremos sin hacernos responsables y sin tomar el control de nuestras circunstancias, viviendo la vida que se nos va presentando sin demasiada influencia sobre ella.

Por último, cuando empezamos a "salir del closet", empiezan a emerger un montón de cosas de nosotros mismos que probablemente no conocíamos. Es posible incluso que nos asuste o que no nos guste lo que descubramos en este proceso. Puede que descubramos que nuestras películas favoritas ya no son las de suspenso, que nuestro helado favorito no es más el de chocolate, o que nuestras preferencias sexuales no son las que creíamos.

Ahí empezará una segunda etapa que tiene más que ver con la aceptación. Pero sólo podemos trabajar en la aceptación una vez que hemos "limpiado el espejo" de todas las opiniones ajenas y que podemos vernos con más claridad. Pues no podemos aceptar algo que aún no hemos visto.

IDEA 5:
DECIR NO

"Tengo que pagar el colegio de mis hijos, no puedo darme este lujo". "Tengo que cuidar a mi abuelita enferma, no puedo hacer ese curso que tanto me gustaría"...

Como ya hemos visto, muchos usan a los demás para no hacerse cargo de sus vidas. Piensan que tienen que perder para que los otros ganen. Pero nuestra búsqueda de felicidad y bienestar no tiene por qué ir en desmedro de la de los demás, ni viceversa.

Las expectativas que enfrentamos pueden ser internas (empezar la dieta, terminar ese curso que comenzamos, mantener aquello que nos prometimos en Año Nuevo, etcétera), o externas (que cumplamos con ciertos horarios, que tengamos determinada apariencia o nos comportemos de una determinada forma, etcétera).

La autora Gretchen Rubin distingue cuatro grupos principales en relación a cómo tendemos a responder ante las expectativas propias y ajenas:

1. Los Comprometidos: se sienten constantemente obligados a cumplir con las expectativas de todos: las ajenas y las propias.
2. Los Cuestionadores: cuestionan cualquier expectativa que consideren arbitraria. Por lo tanto, primero evaluarán si tiene sentido; y si lo tiene, la convertirán en una expectativa propia, para recién entonces buscar cumplirla.
3. Los Complacientes: se sienten obligados a cumplir con las expectativas de los demás, pero les cuesta mucho encontrar

la motivación para cumplir con las propias. Suelen tener problemas para decir "no" por miedo a decepcionar a los otros.
4. Los Rebeldes: se rebelan contra todo tipo de expectativas, tanto ajenas como propias. Disfrutan romper reglas y rechazan todo lo "se supone" que deban hacer.

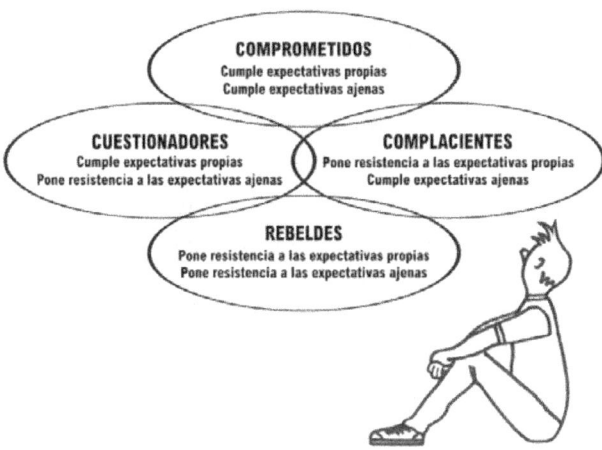

Quienes tenemos la tendencia de no querer defraudar las expectativas ajenas, vivimos diciéndonos "no" a nosotros mismos por no saber decirle "no" a los demás.

Julia Cameron describe esto de manera impecable cuando en su libro "El Camino del Artista" se refiere a **"La trampa de la virtud"**.

¿Cómo voy a abandonar la universidad si mis padres sueñan con que me reciba de abogado? ¿Cómo voy a anotarme en clases de piano si mi esposo quiere que caminemos juntos por las tardes? ¿Cómo voy tomar clases de artes marciales si mi esposa quiere que usemos esos ahorros en hacer ese viaje en crucero que siempre soñó?

Por no parecer egoístas, hacemos lo que los demás esperan de nosotros, sin darnos cuenta del verdadero precio que pagamos por ello: matamos un poquito cada día a nuestro verdadero yo, para convertirnos en ese alter-ego que construimos por un poco de cariño y aceptación. Vendemos el alma al diablo para vernos como buenos esposos, padres, empleados, etcétera.

Por más egoísta que suene, la única forma de salvar al mundo, es salvarnos a nosotros mismos primero. Tal como indican los videos de seguridad de los aviones, antes de ayudar a alguien más a ponerse la mascarilla de oxígeno, debemos primero colocarnos la nuestra.

Durante una guerra, una de las principales responsabilidades de un líder militar, es la de cuidar a aquellos que están a su cargo. Sacando algún caso muy puntual en el que deba dar su vida por la del resto, el líder debe siempre tratar de mantenerse en las mejores condiciones para servir a quienes lo necesitan. No para salvarse a sí mismo, sino para poder servir mejor a quienes más lo necesitan.

Que quede claro: no se trata de salvarse solo, se trata de salvarse primero, para poder después salvar a los demás.

Vivir haciendo cosas que no quisiéramos estar haciendo es la receta perfecta para vivir frustrados. Es un suicidio lento y silencioso.

Y como no nos animamos a hacernos responsables de nuestras elecciones, solemos reprocharles internamente (y a veces externamente) a los demás, todo lo que dejamos de hacer por ellos, y los hacemos responsables de todo lo mucho que seríamos si no hubiésemos sacrificado nuestro futuro por ellos.

Lo cierto es que, en un mundo tan lleno de ocupaciones y tantas opciones de recreación como las que tenemos hoy en día, la única salida que tenemos para tener tiempo para aquello que verdaderamente nos importa, es aprender a decirle que sí a menos cosas.

El tiempo es un recurso limitado, y por más capacidad de *multi-tasking* que tengamos, cuando le decimos que sí a una cosa, le estamos diciendo que no a otra.

Y aprender a decir "no", es también aprender a decir "no" sin poner excusas ni decir mentiras, pues de lo único que estamos hablando acá, es de empezar a ser verdaderamente honestos, con nosotros y con los demás.

Al principio cuesta bastante decir que no a un pedido de alguien sin poner una excusa válida que justifique ese rechazo. Nos resulta muy incómodo decir que no, simplemente porque no queremos.

Pero si mentimos o inventamos alguna excusa, seguimos atrapados en la trampa de la virtud. Seguimos con miedo a que nuestro verdadero yo genere el rechazo de los demás. Y en algún caso seguramente sea así, pero no gustarle a todo el mundo es un precio que hay que pagar para poder liberarnos de esta trampa.

EJERCICIO 3:
ZONA DE *(DIS)*CONFORT

Haz todos los días algo que te de vergüenza.

Catón el Joven, un filósofo del estoicismo, solía vestir ropas oscuras cuando en su época la moda era vestir del color púrpura más claro posible. La idea no era hacer el ridículo, sino aprender a ignorar la crítica y la burla de los demás, y a sentirse avergonzado sólo por aquellas cosas verdaderamente dignas de vergüenza.

El objetivo de este ejercicio es que la mirada de los otros comience a perder peso sobre nosotros.

Los siguientes son solamente algunos ejemplos de cómo puedes ejercitar salir de tu zona de confort y exponerte a la mirada ajena:

1. Iniciar una conversación con un desconocido.
2. Hablar o cantar en público, preferentemente usando un micrófono.
3. Buscar una foto en la que no te guste nada cómo saliste, y publicarla en tus redes sociales (es importante que no parezca una broma).
4. Expresar tus sentimientos a la gente que normalmente no lo harías.
5. Anotarse en una competición en la que lo más probable sea que pierdas.
6. Salir a la calle vestido de una forma diferente a la que sueles hacerlo.
7. Pedirle un aumento a tu jefe.

De nuevo, no se trata de salir a hacer bromas o de volverse "raro", sino de probarnos que podemos hacer cosas aun cuando nos asusten o nos pongan incómodos.

Ve probando diferentes ejercicios y verás que, una vez que regreses a tu zona de confort, ya no serás la misma persona. Puede que parezcan ejercicios simples o tontos, pero si te los tomas en serio, experimentarás sensaciones que probablemente te modifiquen para siempre.

> *"Haz una cosa que te de miedo todos los días".*
>
> Eleanor Roosevelt

EJERCICIO 4:
DESCONECTADO

En esta Era de las Redes Sociales, construimos detalladamente nuestros perfiles para mostrarnos, no tanto como somos, sino como quisiéramos ser o como quisiéramos que nos vean (alegres, divertidos, millonarios que viajan por el mundo, etcétera).

Pasamos horas "conectados", mirando qué publican nuestros amigos, contando cuántos "me gusta" ha recibido nuestra última foto, y dedicados a la minuciosa tarea de mantener la reputación que hemos construido.

Este ejercicio te propone pasar 30 días desconectado de internet. Si esto no fuese posible por tu trabajo, desconéctate al menos de las redes sociales.

No se trata de volver a la Era del Hielo, sino de independizarnos de esa necesidad compulsiva de aprobación virtual.

Una buena forma de ayudarnos a lograr esto es desinstalar las aplicaciones de las redes sociales de nuestros teléfonos celulares. También existen aplicaciones que controlan cuánto tiempo usamos nuestro teléfono celular, e indican detalladamente el tiempo que le dedicamos a cada aplicación.

¡Hay personas que incluso se acuestan con el teléfono pegado al cuerpo para detectar la vibración y no perderse ninguna notificación mientas duermen!

También puedes eliminar la conexión a internet de tu casa por esos 30 días (desconecta el modem, y asegúrate de quitarlo de la casa para evitar la tentación de volver a conectarlo).

Desde ya que internet es una herramienta muy útil, pero a veces termina apoderándose de todo nuestro tiempo (libre y no libre).

La idea es crear una ventana de 30 días, para recuperar momentos de soledad e intimidad con nosotros mismos, mirar un poco más nuestra propia vida y dejar de compararnos y de estar tan pendientes de lo que hacen y dicen los demás.

CAPÍTULO 4

¿Quién juega en tu equipo?

Durante nuestros primeros años de vida, nuestros padres elijen nuestra educación y religión, y en la medida de sus posibilidades, también el ambiente en el que creceremos.

La sociedad en la que nos desarrollemos, también ejercerá una influencia en nuestra forma de ser, nuestros valores y creencias. Será muy distinto, por ejemplo, crecer en Medio Oriente y crecer en Sudamérica. Nuestra forma de vestir, nuestro gusto, y hasta nuestro cuerpo y nuestras emociones, se ven influenciadas por la gente que nos rodea.

Después llega un momento en la vida en que nuestro entorno ya deja de ser el que nos tocó y empieza a ser el que nosotros elegimos. Nosotros comenzamos a crear el ambiente en el que nos queremos mover.

En 1983, William B. Swann Jr. desarrolló la "Teoría de la Auto-verificación". Según esta controvertida teoría, las personas quieren que los demás los vean como ellos se ven a sí mismos, ¡incluso cuando su imagen propia sea negativa! Para ello, buscamos instintivamente juntarnos con gente cuya opinión de nosotros coincida con nuestra imagen propia. Es por esto que mucha gente con baja autoestima, suele involucrarse con gente que los subestima o que los denigra.

Nuestra tendencia más natural es relacionarnos con personas cuyos intereses son afines a los nuestros.

James Fowler y Nicholas Christakis, autores del libro "Connected", afirman que las personas obesas tienden a tener amigos obesos, mientras que las personas delgadas tienden a tener amigos delgados. Y luego extrapolan esta teoría a otros ámbitos de la vida, como las preferencias sexuales, la capacidad de generar ingresos, y otras tantas cosas.

Sin embargo, conocer gente diferente a nosotros, como ocurre por ejemplo cuando viajamos, nos abre la cabeza y nos permite ampliar nuestros conocimientos e intereses.

Ahora bien, si aceptamos que quienes nos rodean influyen sobre nosotros, ¿no tiene más sentido rodearnos de gente que nos influya de una manera positiva?

La gente que nos hace bien, saca lo mejor de nosotros, y nos hace ser una mejor versión de nosotros mismos. Suelen ser personas que nos inspiran y que viven de manera coherente con lo que predican.

Por el contrario, la gente que nos hace mal, nos hace dudar de nuestro potencial. Nos quieren hacer creer que porque ellos no pudieron ser lo que soñaron, nosotros tampoco podremos. Suelen hablar mal de los demás o reírse de aquellos que intentan y (todavía) no logran cumplir sus sueños. En algún punto eso los reconforta, porque si los que se animan a intentar tuvieran éxito, su fracaso quedaría aún más en evidencia.

Del mismo modo que un padre pone atención a las amistades con las que su hijo se rodea, el mismo cuidado deberíamos poner nosotros en cuidar qué personas dejamos entrar en nuestro círculo de influencia.

Si queremos bajar de peso, se nos hará mucho más difícil si cuando nos reunimos con nuestros amigos, lo hacemos en locales de comida chatarra. Lo mismo ocurrirá si queremos vencer nuestra adicción al alcohol, y salimos permanentemente con gente que toma cerveza...

¡Cuánto más fácil se hace el camino si nos rodeamos de gente que tiene objetivos similares, o mejor aún, que ya ha logrado eso que nosotros nos estamos proponiendo! Alguien que pudo vencer una adicción, alguien que ya ha viajado a esos lugares que quisiéramos conocer antes de morir, alguien que vive de un negocio similar al que nosotros soñamos, etcétera.

Cuando nos proponemos algo importante y que nos demanda mucho esfuerzo (como empezar a correr, ganar más dinero por mes o dejar el alcohol), solemos creer que dependemos puramente de nuestra fuerza de voluntad.

Eso es porque subestimamos el rol fundamental que juega nuestro ambiente para que consigamos mejores resultados con menos esfuerzo.

Los que lo saben, buscan rodearse intencionalmente de gente que los motive y los empuje a perfeccionarse, pues saben que eso los hará progresar a una velocidad exponencial.

> *"Asóciate con personas que te hagan ser mejor".*
>
> SÉNECA

IDEA 6:
NO SEAS EL MEJOR DEL SALÓN

Una vez escuché la siguiente frase: "Si eres la persona más inteligente del salón, estás en el salón equivocado". Del mismo modo que si eres el más fuerte del gimnasio, estás en el gimnasio equivocado. A fin de mejorar y superarnos, es fundamental empezar a rodearnos de gente mejor que nosotros. ¿Mejor que nosotros?

"Mejor que nosotros" se refiere a algún área en particular en la que nos interese superarnos y perfeccionarnos. Pues ninguna vida vale más que otra, ni nadie es el mejor en todas las áreas, y los que somos buenos en algo, siempre tenemos mucho para mejorar en algún otro aspecto.

Rodearnos de gente mejor que nosotros, indefectiblemente va a elevar nuestro nivel, porque lo bueno también se contagia. Así, si queremos mejorar nuestras finanzas, sería bueno rodearnos de expertos en inversiones. Y si queremos mejorar nuestro estado físico, deberíamos relacionarnos con deportistas.

No es arte de magia, si lo pensamos un momento, es bastante lógico: cuando nos acerquemos a expertos en finanzas, nuestras conversaciones pasarán a ser acerca de qué acciones están subiendo, cuáles son las opciones del mercado con mayor renta, etcétera. Cuando nos acerquemos a deportistas, veremos que nuestras conversaciones empezarán a ser sobre cómo mejorar la técnica, qué ejercicios son más eficaces, qué alimentos son más recomendables, etcétera.

Cuando cambiamos nuestro entorno, cambiamos mucho más que eso. Cambiamos nuestras conversaciones, nuestros pensamientos, nuestras creencias. Esto no significa que debamos eliminar por completo de nuestras vidas a todo aquel que no contribuya a nuestros propósitos. No se trata de tener una visión tan utilitarista de la vida y del prójimo, pero sí de que valoremos nuestro tiempo como lo que es: un recurso no renovable.

Además, también es cierto que a muchas de las personas que nos rodean no las hemos elegido nosotros sino que "las trae la vida": familia, compañeros de trabajo, etcétera. Lo que sí podemos hacer es regular cuánto tiempo les dedicamos a aquellos que elevan nuestro espíritu y cuánto a aquellos que lo achatan.

Cuanto antes entendamos el poder de la influencia (positiva y negativa) de quienes sentamos a nuestro lado, antes estaremos donde queremos estar. Es tan simple como: 1) empezar a acercarnos a aquellas personas que sacan lo mejor de nosotros y aportan valor real a nuestras vidas; y 2) alejarnos, en la medida de lo posible, de gente tóxica, que consume nuestra energía y no quiere vernos crecer.

> *"Mantente alejado de las personas que intentan menospreciar tus ambiciones. Las personas pequeñas siempre hacen eso, pero las realmente grandes te hacen sentir que tú también puedes llegar a ser grande".*
>
> Mark Twain

EJERCICIO 5:
DIME CON QUIÉN ANDAS...

Para saber qué grupo de gente es más afín a tus sueños, primero tienes que tener claro tus propósitos como ya vimos en el Capítulo 1.

Una vez identificado eso, piensa en qué ambientes suelen estar las personas con esa misma afinidad. Por ejemplo, si lo que quieres es empezar a correr, es probable que encuentres grupos de corredores en los parques. Si quieres empezar un determinado negocio, puedes ir a ferias o convenciones sobre ese tema, donde seguramente conocerás mucha gente dispuesta a ayudarte.

Hoy además existen un montón de herramientas gratis en internet para relacionarnos con personas en todo el mundo que tienen nuestros mismos intereses. Ya no dependemos tanto del lugar en el que nos tocó nacer ni de la gente que vive ahí.

También puedes intentar contactar a algún mentor (alguien a quien respetes y que ya esté haciendo eso que tú quieres hacer... seguro que ya tienes a alguien en mente).

> *"La manera más rápida de hacer cosas que no crees que sean posibles, es rodearte de personas que ya las estén haciendo".*
>
> SCOTT DINSMORE

Sería bueno que, antes de contactar a esa persona, conozcas sus gustos e intereses, leas cada artículo que haya escrito, escuches cada entrevista que haya dado y te informes sobre los temas sobre los que está trabajando actualmente. Piensa qué problema concreto puedes ayudarle a resolver y cómo puedes probarlo.

Es muy posible que, cuando arranques este proceso de revisar "quién juega en tu equipo", recibas críticas de tu viejo grupo, diciéndote que estás cambiando y que ya no eres el mismo...

A veces es difícil de aceptar que nuestros intereses nos van llevando por caminos distintos, y no tiene sentido forzar algunas relaciones que ya no fluyen con tanta naturalidad, simplemente por lo que alguna vez fueron. Si nuestros intereses cambian, es lógico que nuestras amistades también vayan cambiando.

Por último, no tengas miedo de quedarte solo, porque es probable que a medida que te acerques a los ambientes que te interesan, conozcas mucha gente nueva que piensa y siente más parecido a ti. Y probablemente, ellos también estén buscando gente con sus mismas afinidades.

EJERCICIO 6:
CORRERSE DEL CENTRO

Acercarnos a las personas que aportan valor a nuestras vidas, y alejarnos de quienes no quieren vernos crecer, no significa ignorar a aquellos que necesitan nuestra ayuda. Así como los demás influyen sobre nosotros, nosotros también podemos influir sobre los demás.

De hecho, según una teoría, todo lo que hacemos tiene tres grados de influencia. Es decir que nuestros actos afectan inmediatamente a nuestro círculo más íntimo (familia y amigos), a los amigos de nuestros amigos y a los amigos de los amigos de nuestros amigos.

Por eso, mientras descubres tu propósito en este mundo y buscas el mejor camino que te lleve hacia él, te propongo este ejercicio, que consiste en: hacer algo por alguien, y a cambio, pedirle a esta persona que haga algo por alguien más.

> *"Sé el cambio que quieres ver en el Mundo".*
> MAHATMA GANDHI

Ayudar desinteresadamente al prójimo, nos corre del centro y nos cambia la perspectiva. Es mucho más probable que encontremos el propósito de nuestra vida saliendo a explorar el mundo para ayudar, que encerrándonos y rompiéndonos la cabeza tratando de descifrar los misterios del universo.

Hay demasiada gente a nuestro alrededor pasando necesidades y, muchas veces, ni siquiera levantamos la cabeza para notar su existencia y ver cuánta falta hace nuestra ayuda.

Pero cuidado, no se trata de seguir haciendo lo que no nos gusta y consolarnos ayudando a los demás. Eso sería usar a los demás para no hacernos cargo de nuestra felicidad. Eso sería perder para que otros ganen.

La recuperación de un alcohólico no está completa hasta que no cumple con el paso número 12 de los famosos 12 pasos de Alcohólicos Anónimos, el cual consiste precisamente en ayudar a otra persona a salir del alcoholismo.

Como ya hemos visto en el capítulo anterior, no se trata de salvarse solo, sino de salvarse primero para poder después salvar a los demás.

CAPÍTULO 5

*¿Cuántas horas de vida
vas a pagar por eso?*

> *"Cuando yo compro algo, o tú, no lo compras con plata, lo compras con el tiempo de vida que tuviste que gastar para tener esa plata".*
>
> José "Pepe" Mujica
> en el documental "Human".

¿Sentiste alguna vez que cuanto más dinero ganas, más dinero gastas?

En su afán por aumentar sus ventas, las empresas gastan enormes cantidades de dinero en crear necesidades que naturalmente no existen. Para ello, sus hábiles publicistas atacan directo a nuestras inseguridades, convenciéndonos de que sólo si manejamos tal o cual auto, o sólo si tenemos una casa como las que nos muestran en las revistas, tendremos cierto "status".

El bombardeo de publicidad e incitación al consumo son tan feroces, que es prácticamente imposible evadirlo. Los buscadores de internet tienen una serie de algoritmos que detectan nuestros intereses y luego, casi por arte de magia, aparecen en nuestra pantalla publicidades de cosas que podrían interesarnos.

Aun si no encendemos la radio o la televisión, con tan solo salir de nuestros hogares, las calles y autopistas invaden nuestras retinas con inmensos carteles luminosos que nos muestran cuál es el pantalón que debemos vestir si queremos estar "a la moda" o cuál es el calzado que usan nuestros ídolos.

Esto a su vez genera la frustración de quienes no tenemos los recursos para comprar todo eso que nos dicen que deberíamos tener para no ser unos fracasados. En especial cuando vemos a tanta gente a nuestro alrededor comprando todo lo último que "hay" que tener y nosotros, de a poco, nos vamos quedando afuera. A nadie le gusta quedarse afuera de la fiesta.

Es así que, con el afán de ser aceptados y respetados, aunque más no sea por nuestras pertenencias, casi sin darnos cuenta, nos vamos metiendo en un círculo del cual se vuelve muy difícil salir: el círculo del endeudamiento.

¿Y qué es el círculo del endeudamiento?

El círculo del endeudamiento está formado por la deuda que contraemos para comprar algo (generalmente por una necesidad creada), la cual nos obliga a trabajar más o poder ser menos selectivos con nuestro empleo, para poder mantener esa cosa y/o pagar la deuda que contrajimos para adquirirla.

> *"Hay miles de personas ahí afuera viviendo vidas desesperadamente tranquilas, trabajando duro por muchas horas, en trabajos que odian, para comprar cosas que no necesitan, para impresionar a gente que nos les importa".*
>
> NIGUEL MARSH

Además, como trabajamos tan duro, nos convencemos a nosotros mismos de que nos merecemos darnos algunos gustos, buscando así justificar nuestras nuevas deudas.

Y como seguimos metiéndonos en deudas, se nos hace cada vez más difícil dejar ese trabajo que odiamos, quedando cada vez más atrapados en ese enfermizo círculo vicioso.

Y los que estamos atrapados en ese enfermizo círculo del endeudamiento, estamos enfermos de consumismo. Intentamos llenar nuestros vacíos consumiendo, y no solamente comprando objetos, también consumimos televisión, comida chatarra, tabaco, alcohol, drogas… Cualquier cosa que nos anestesie un poco para poder después volver en paz a nuestra rutina.

Es más fácil evadir el problema, convenciéndonos de que realmente necesitábamos ese vestido o ese televisor mucho más delgado que el anterior. Es mucho más fácil eso que reconocer que este estilo de vida ya no nos está haciendo bien.

Encima, cuantas más cosas tenemos, los que nos rodean se van convirtiendo en una amenaza para nosotros: a que nos quieran quitar lo que tenemos (y que conseguimos con tanto esfuerzo), a que nos lo pidan prestado, a que nos pidan dinero, etcétera.

Tal como demuestra el profesor Dan Ariely en varios experimentos, el dolor que sentimos por la pérdida de una determinada cosa, es mayor que la satisfacción que nos da su posesión. Dicho más sencillo, si tener algo nos genera 5 puntos de satisfacción, perderlo nos genera 7 puntos de dolor.

Eso genera un gran miedo a la pérdida, y hace que, cuantas más cosas tenemos, más celosos y miserables nos volvemos.

Y esto mismo les estamos enseñando a los niños, que tienen montañas de juguetes amontonados en un rincón de la casa, que quizás usaron una sola vez y nunca más tocaron.

Miremos solamente el crecimiento del negocio del alquiler de bauleras. La gente necesita cada vez más espacio para guardar las cosas que compró pero que ya no necesita, y así hacer lugar para las nuevas cosas que seguirá comprando y que, probablemente, tampoco necesite.

Cuando en cambio tenemos poco (o tenemos lo justo y necesario), también tenemos poco que perder. Cuanto más liviano sea nuestro equipaje, más lejos podremos llegar, y por ende, tendremos más libertad.

Rico no es el que más tiene sino el que menos necesita.

IDEA 7:
MINIMALISMO

¿Realmente necesitamos todo eso que nos dicen que necesitamos?

El actual modelo de desarrollo necesita que no dejemos de consumir para poder seguir funcionando. Es por esto mismo que las cosas se hacen cada vez de menor calidad. Porque al sistema capitalista no le sirve que las cosas duren para siempre, porque la salud del sistema se basa en que no se desacelere la demanda y el consumo.

A eso sumémosle la gran cantidad de cosas que reemplazamos cuando todavía funcionan, porque ya pasaron de moda o por la ambición de tener siempre el último modelo de todo, como ocurre por ejemplo con los teléfonos celulares y la tecnología en general.

Esta ambición descontrolada e irresponsable, no sólo ha tomado el control de nuestras vidas, sino que además está generando gravísimas e irreparables consecuencias en nuestro planeta.

Por supuesto que no hay nada esencialmente malo en poseer cosas. El problema es cuando nuestra vida comienza a girar en torno a las cosas que tenemos o que deseamos.

La mayoría de nosotros no somos conscientes de todo lo que poseemos, ni de cuántas de esas cosas realmente usamos en la práctica.

Nuestras cosas debieran ser herramientas que nos ayuden a solucionar problemas o necesidades reales. Cuando no es así, es probable que estén ocupando un espacio físico y mental que podríamos llenar con algo que nos aporte mayor valor.

Buscamos anestesiar nuestros problemas en los centros comerciales. Pero sólo cuando aceptemos nuestros vacíos sin intentar llenarlos con cosas materiales, podremos empezar a enfrentar responsablemente esos problemas que venimos tapando con las bolsas del shopping.

Las cosas materiales realmente importantes son muy pocas. Si nos deshacemos de lo no esencial, estaremos haciendo espacio para lo verdaderamente importante. Y de este modo, quedarán mucho más expuestas nuestras carencias, lo cual nos obligará a trabajar sobre ellas. Por ejemplo:

- Tendremos menos distracciones, por lo cual tendremos que mejorar la relación con nosotros mismos.
- Tendremos menos objetos y ropa que lucir y ostentar, por lo cual tendremos que ganarnos el respeto de los demás por lo que somos y no por lo que tenemos o aparentamos.
- Necesitaremos menos espacio físico, ya que el lugar que antes ocupaban muchas de nuestras cosas quedará vacío. Podremos vivir en un lugar más chico y con ese dinero que ahorramos, viajar o gastarlo experiencias valiosas.
- Tendremos menos cosas que limpiar, que ordenar y que reparar, por lo cual tendremos más tiempo y dinero para compartir con las personas que queremos.

EJERCICIO 7:
DESAFÍO DE LAS 100 COSAS

¿Te animas a vivir con sólo 100 cosas?

Este experimento fue creado por el autor Dave Bruno, y ya se han sumado a él miles de personas alrededor del mundo.

El experimento consiste básicamente en reducir la cantidad de cosas que poseemos a cien (o menos), y vivir durante un año de esa manera.

No hay nada demasiado científico detrás del número 100 ni del período de un año, pero parece un buen punto de partida para empezar a reeducar nuestros hábitos de consumo y simplificar un poco nuestra vida.

¿Cómo funciona?

1. Define tus propias reglas y forma de contar. Por ejemplo: ¿un par de zapatos es un objeto o dos? ¿el cargador del teléfono celular y el celular se cuentan por separado? La respuesta del autor es siempre la misma: decídelo tú mismo. Esto no es una competencia, es un desafío con uno mismo. Así que cada uno puede poner sus propias reglas sin tener que rendirle cuentas a nadie.

2. Haz un inventario de todas tus cosas: vacía tus armarios y cajones, sacando todas y cada una de tus cosas. Sácale una foto a cada objeto, y anótalo en una planilla.

3. Una vez hecho eso, comienza tu selección, marcando en la planilla aquello que se queda, lo que se va, y lo que todavía está en duda. Ve contando y eliminando hasta que te queden

sólo 100 cosas o menos. Es mucho más fácil trabajar sobre la planilla, que seleccionar y clasificar cada objeto físicamente.

4. Deshazte de todo lo que quedó afuera de tu selección: véndelo, dónalo, recíclalo o simplemente tíralo; pero no te quedes con nada de eso.

Este ejercicio no debe afectar a las personas que te rodean. Por ejemplo, no te deshagas del televisor si lo compartes con otros miembros de la familia. Tu lista sólo debería contener aquello que te pertenece únicamente a ti.

De todos modos vas a ver que, hagas lo que hagas, los demás siempre van a opinar. Algunos quizás te apoyen, otros te van a criticar, otros intentarán boicotearte con tentaciones, otros se burlarán, pero siempre van a opinar. No te olvides de que no tienes que rendirle cuentas a nadie de este ejercicio.

También probablemente te pasará que te regalarán algunas cosas o que te querrás comprar algunas otras. Mientras te mantengas con 100 cosas o menos, la lista puede ir cambiando.

Al principio puede que te sientas un poco tonto contando todas tus cosas, pero cuando las veas todas juntas y amontonadas, y te conectes con el agobio que te genera toda esa carga, vas a sentir también una enorme libertad cuando puedas deshacerte de todas ellas.

EJERCICIO 8:
LA MUDANZA

Este ejercicio está basado en la charla TEDx de Joshua Fields Millburn y Ryan Nicodemus, autores del blog "The Minimalists".

En dicha charla, Ryan Nicodemus cuenta que metió absolutamente todas las cosas de su departamento adentro de cajas (exactamente igual que si fuera a mudarse, sólo que sin mudanza), y fue sacando una por una las cosas que iba necesitando.

¿Para qué? Para ver con claridad cuáles de las cosas que tenía, realmente le eran de utilidad.

Para su sorpresa, luego de 3 semanas el 80% de sus cosas aún seguía adentro de las cajas.

Pasos a seguir para este ejercicio:

1. Empaca todas tus cosas en cajas (absolutamente todas tus cosas), exactamente igual que si fueras a mudarte.
2. Ponle nombre a las cajas según la categoría de objetos que contenga (ropa, vajilla, artículos de baño, etcétera), así será más fácil sacar algo cuando lo necesites.
3. Durante el siguiente mes, saca de las cajas sólo aquello que necesites cuando lo necesites (no antes). Necesitas tomar un té, saca una taza. Necesitas cortar un papel, saca las tijeras. Y así sucesivamente.
4. Luego del mes, tendrás una noción más clara de cuáles de tus cosas son herramientas realmente útiles para tu vida, y cuáles simplemente consumen espacio y dinero.

5. Ahora que ya identificaste todo eso que no necesitas pero que acumulas "por si acaso", vende, dona, recicla o simplemente tira todo lo que no te está sumando nada.

CAPÍTULO 6

¿A qué le tienes miedo?

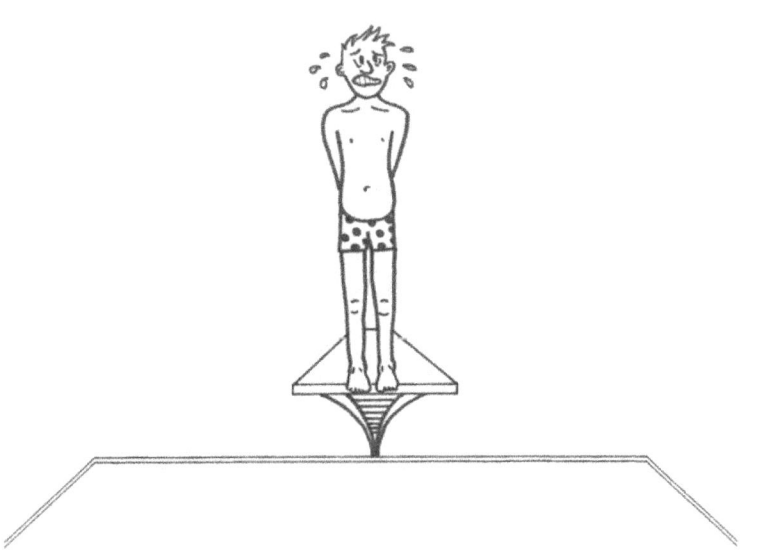

El miedo es una emoción que deriva de la aversión natural del ser humano al riesgo. El miedo ha jugado (y juega) un rol fundamental para la continuidad de nuestra especie, pues constituye un mecanismo de supervivencia que le permite al hombre responder con rapidez ante las permanentes amenazas de su entorno.

El miedo se activa cuando percibimos (o creemos percibir) algún peligro, y nos invade una profunda sensación desagradable: angustia, ansiedad, etcétera. Pero paradójicamente, este peligro puede ser real (cuando la dimensión del miedo está en correspondencia con la dimensión de la amenaza) o creado por nuestra mente. Y la dificultad radica muchas veces en diferenciar justamente unos de otros.

Algunos de los miedos más comunes son:

A) Miedo al fracaso: *"¿Y si me va mal y lo pierdo todo?"*

Las causas del miedo al fracaso pueden ser muy diversas y pueden remontarse a padres muy exigentes durante la infancia, o a haber sufrido algún suceso muy humillante como producto de un fracaso. A medida que la persona crece, este miedo suele ir fortaleciéndose.

Para peor, si bien la perfección es sólo una ilusión, vivimos en una sociedad extremadamente exitista (sobre todo en occidente), que no hace otra cosa que rendir culto a la perfección, tanto en la imagen física, como en la carrera profesional, como en el status de vida. Por ende, cualquier cosa por debajo de esos estándares fijados artificialmente, puede ser percibida como una suerte de fracaso.

Lo que no sabemos es que las personas que nosotros vemos como exitosas, fracasaron tanto como nosotros (y probablemente más). Pero claro, como nosotros no vemos sus fracasos, y en cambio somos testigos de los nuestros a diario, construimos la falsa creencia de que esa gente es especial o tiene suerte.

Warren Buffet, hombre de negocios y uno de los inversores más ricos del mundo, fue rechazado por la Universidad de Harvard. Richard Branson, dueño del imperio Virgin, no terminó la escuela. Michael Jordan, considerado por la mayoría como el mejor jugador de baloncesto de todos los tiempos, fue excluido del equipo de su escuela porque su entrenador no creyó que tuviera la suficiente habilidad.

En todo éxito hay escondidos una larga serie de fracasos. Recuerda cuando estabas aprendiendo a caminar ¿no te caías? ¿Y acaso dejaste de caminar por eso?

Si no aprendemos a ver el fracaso como parte de un aprendizaje, e incluso a disfrutar el camino con todos sus traspiés, vamos a querer evitarlo. Y si buscamos evitar el fracaso, evitaremos comenzar cualquier nuevo camino y nos quedaremos siempre en el mismo lugar. Elegir no fracasar es elegir no crecer.

"Yo no soy bueno en matemáticas", "Yo no soy bueno en los deportes", "Yo no soy creativo", "Eso es para otros". ¿Cuántas veces dijimos estas cosas? Buscamos no perder, pero perdemos de entrada. No saber hacer algo o no ser bueno en algo es la oportunidad perfecta para desafiarnos, y fracasar, y fracasar, y fracasar hasta que nos salga.

Cuando estemos acostumbrados a fracasar, y le hayamos perdido el miedo, habremos pasado una de las barreras más grandes que podemos cruzarnos.

> *"Es imposible vivir sin fracasar en algo, a menos que vivas con tanta cautela que es posible que no hayas vivido en absoluto, en cuyo caso, ya habrás fracasado por defecto".*
>
> J. K. Rowling

B) Miedo al éxito: "Ten cuidado con lo que sueñas, porque es muy posible que se haga realidad"

La mente humana es muy compleja: no sólo puede tener miedo a las cosas malas, sino también a las cosas buenas. Es que en realidad, el miedo al éxito incluye muchos otros sub-miedos:

- **Miedo a la soledad y al rechazo:** El camino al éxito es muchas veces un camino solitario. Nuestro éxito es un espejo muy molesto para los demás, pues los confronta con sus decisiones y los obliga a pensar qué pudieron haber hecho de manera diferente para estar mejor.
- **Miedo a tener una mayor exposición y a generar mayores expectativas:** Para llegar a tener éxito debemos normalmente exponernos, y salir de la comodidad del anonimato en donde nunca nadie nos criticará porque ni siquiera saben que existimos. Por ejemplo: es mucho más fácil jugar al fútbol en un equipo de barrio, que en un equipo de la primera división, donde cada movimiento que hagamos será observado, analizado y criticado por cientos y miles de personas. Los jugadores reciben halagos a diario, pero sobretodo reciben críticas e insultos. No importa lo bien que hayan jugado la

semana anterior, cada nuevo partido deben demostrar por qué merecen un lugar en el equipo.

- **Miedo a no estar a la altura de las circunstancias:** Como dicen en el tenis "lo difícil no es llegar a la cima sino mantenerse en ella". Después de todo, cuando estamos en la cima, hacia el único lugar que podemos ir es hacia abajo.

Todos estos temores pueden ser muy comprensibles, pero también son los culpables de que muchas personas se estanquen en la mediocridad.

Abraham Maslow denominó a esta forma de sabotearnos como **"Complejo de Jonás"**, en alusión al pasaje bíblico en el cual Dios le encomendó a Jonás que hiciera llegar su mensaje a la ciudad de Nínive y éste huyó por no considerarse capaz de lograrlo.

El Complejo de Jonás es la negación de la capacidad de uno mismo para desarrollar su potencial. Maslow también se refirió a esto como "el miedo a la propia grandeza" o "huida del propio destino".

Más allá de si creemos que nacemos con una misión que cumplir o no, a muchos nos asusta tanto tener una misión en la vida, que aun previendo que podemos tener éxito, nos convencemos de que no somos capaces, y la abandonamos.

IDEA 8:
DESARROLLAR LOS MÚSCULOS DEL CORAJE

El coraje no es la ausencia de miedo, sino la capacidad de seguir adelante a pesar de él y de las dificultades que se presenten. Es la preparación mental y emocional para enfrentarse a circunstancias adversas, aún en presencia del miedo, el dolor, la incertidumbre y el peligro.

Podemos hablar de: *a) Coraje físico:* Superar el cansancio y el dolor físico de los entrenamientos, es una excelente forma de hacernos más fuertes, y entrenar la autodisciplina; *b) Coraje Moral:* se trata de seguir nuestros principios y convicciones, más allá del costo que eso pueda tener para nosotros: "Yo no haría eso ni por un millón de dólares"... lo cierto es que a veces no nos conocemos hasta que la vida nos pone a prueba; y *c) Coraje Intelectual:* es el que nos permite cuestionar todo lo que nos enseñan en lugar de aceptarlo pasivamente, y el que nos lleva a expresar nuestras ideas a pesar del riesgo a ser descalificados.

¿Y dónde podemos encontrar el coraje que nos hace falta para ser la persona que queremos ser?

Como ocurre con casi todas las cosas de la vida que valen la pena, el coraje no es algo que aparezca mágicamente de la noche a la mañana. Sin embargo, nos encanta pensar que existen atajos...

Muchas personas, por ejemplo, buscan encontrar ese coraje en una botella de alcohol. Debido a su efecto depresor del sistema nervioso, el alcohol y algunas drogas afectan el funcionamiento del córtex, que es la parte del cerebro en donde habita nuestro "juez interior", y donde están todas las reglas morales y valores que hacen que normalmente reprimamos algunos de nuestros instintos más naturales.

Cuando desaparece nuestro juez interior, no hacemos cosas que no desearíamos hacer, sino cosas que si no estuviéramos bajo los efectos del alcohol, no nos animaríamos a hacer.

Lo que hacemos es valernos del alcohol para inutilizar voluntariamente los mecanismos de control de nuestra mente y tener una sensación de mayor coraje. Pero cuidado: como hemos visto, los peligros pueden ser reales o creados por nuestra mente, y el consumo de alcohol nos hace más difícil esa distinción.

¿Cómo podemos entonces desarrollar el coraje que necesitamos?

1. Entrenar como si nuestra vida dependiese de ello:

Contrariamente a lo que muchos creen, el coraje no es una cualidad con la que se nace, sino que puede desarrollarse. Y al igual que con los músculos, si no entrenamos nuestro coraje, éste se debilitará, y entonces nos será muy difícil encontrarlo cuando más lo necesitemos.

Entrenar es ponerse en una situación una y otra vez, hasta que nada nos sea nuevo. Y al hacer aquello que tememos una y otra vez, nos volvemos cada vez menos vulnerables a ello.

El coraje con el que un luchador entra a una pelea es proporcional a la cantidad de entrenamiento que acumuló.

2. Asumir la responsabilidad:

Pedirle a Dios que arregle nuestras vidas, es otra forma de no hacernos responsables de nuestras circunstancias.

Dejar de echarle la culpa a los demás, a la suerte o al destino, y asumir la plena responsabilidad de nuestra situación, nos hará sentir mucho más en control de nuestro destino y nos dará poder para modificar aquello que queramos cambiar.

3. Perseguir algo que nos importe más que nuestra propia seguridad:

Del mismo modo que un padre está dispuesto a dar la vida por sus hijos, cuando aquello que perseguimos es verdaderamente importante para nosotros, descubriremos que tenemos mucho más valor del que pensábamos.

4. Aceptar el miedo, y si es posible, aprender a disfrutarlo:

Aceptar el miedo es sentirlo, reconocerlo y actuar a pesar de él. Las personas más audaces reconocen sentir miedo, pero a la vez, los excita la adrenalina de no saber qué es lo que puede pasar. Si, a fuerza de repetición, podemos nosotros también encontrarle el lado divertido al riesgo, nuestro crecimiento personal será exponencial.

IDEA 9:
REPROGRAMAR NUESTRA AMÍGDALA

Ante la inminencia de un peligro, la velocidad de reacción es vital. Para ello, nuestro cerebro cuenta con un conjunto de núcleos de neuronas que forman la denominada amígdala, que se encarga de tomar esas decisiones rápidas fundamentales para nuestra supervivencia frente al peligro.

Para cuando logramos entender qué es lo que sucede, ya es demasiado tarde, pues nuestra amígdala ya ha reaccionado, y ya sentimos todos sus efectos en nuestro cuerpo.

Por ejemplo, al escuchar una explosión, nos agachamos automáticamente, antes incluso de entender qué es lo que ha sucedido; y ya sentimos el miedo, la agitación y la taquicardia en nuestro cuerpo.

¿Cómo podemos entonces convencernos de no sentir miedo de algo que nos asusta, si el miedo va más rápido que nuestra razón?

Existe una forma: reprogramando nuestra amígdala.

Pero la amígdala no aprende a través de la razón ni la lógica, sólo lo hace vivencialmente, por asociación. Entonces, si no enfrentamos nuestros miedos y nos exponemos uno a uno a ellos, seguiremos creyendo que porque aquel perro nos mordió cuando éramos niños, todos los perros muerden; o porque aquella chica que nos gustaba nos rechazó, ninguna chica querrá hablar con nosotros.

Pero hay algo más: la amígdala sólo aprende y forma nuevas asociaciones cuando siente miedo, el resto del tiempo está en piloto automático. Sólo sintiendo miedo, se activará la amígdala y podremos "corregir" nuestras viejas creencias sobre las situaciones temidas.

Como la amígdala solamente aprende a través de la experiencia, y únicamente si se encuentra activada, cuando pretendemos modificar la información almacenada en el cerebro sobre una determinada situación temida, debemos exponernos justamente a dicha situación: si les tenemos miedo a los perros, deberemos exponernos a un perro; si sentimos miedo a hablar en público, deberíamos entonces hablar frente a una multitud, y así sucesivamente.

¿Pero cómo exponernos a algo a lo que todo nuestro cuerpo nos pide que no nos expongamos?

Existe algo llamado **Terapia de Exposición**, que consiste en enfrentar aquello que tememos en un ambiente seguro, controlando nuestro impulso a querer escaparnos. Esta terapia busca romper la estructura patológica del miedo, mediante exposición constante y progresiva a una serie de desafíos crecientes, que nos permiten comprobar vivencialmente que nuestras predicciones negativas no eran ciertas.

La Terapia de Exposición se vincula con la ley del reflejo condicional desarrollada por el fisiólogo ruso Ivan Petrovich Pavlov, cuyo experimento más famoso consistió en que, inmediatamente antes de dar el alimento a su perro, Pavlov hacía sonar una campana. Como resultado de esto, una vez acostumbrado a este ritual, el perro empezaba a salivar en cuanto escuchaba la campana.

Sin embargo, luego Pavlov comenzó a hacer sonar la campana sin dar ningún alimento a continuación, por lo que el perro dejó de salivar ante el sonido de la misma.

Del mismo modo, la terapia de exposición intenta romper ese círculo formado por el estímulo que nos genera miedo y las conductas neutralizadoras de la ansiedad, como escapar o directamente evitar la situación temida. Al presentarse repetidamente los estímulos temidos sin ir seguidos de las consecuencias negativas esperadas, se desaprenden las viejas asociaciones del miedo y se aprenden nuevas.

Hoy en día, la denominada "realidad virtual" permite recrear escenarios generados virtualmente por una computadora, y con los cuales se puede interactuar en tiempo real, mediante un dispositivo montado en la cabeza de una persona. Esto es usado, por ejemplo, para tratar el miedo a volar en avión, sin la presión de la mirada de los demás, y con la posibilidad de apagar el artefacto en caso de una emergencia.

No siempre vamos a poder evitar las situaciones temidas. Quizás podamos no subirnos nunca a un avión, pero seguramente la vida se va a encargar de volver a enfrentarnos con nuestros miedos (hablar en público, que un perro que anda suelto se nos acerque, etcétera). Y la única forma que tenemos de reprogramar nuestra amígdala, es formando nuevos recuerdos que "corrijan" nuestras viejas creencias, y para ello debemos enfrentar nuestros miedos uno por uno.

EJERCICIO 9:
EL PEOR ESCENARIO

Filósofos estoicos como Séneca y Marco Aurelio solían llevar a la práctica los peores escenarios que podían imaginar, a fin de perderles el miedo, y que éstos ya no tuviesen ninguna influencia sobre ellos a la hora de tomar decisiones.

Este ejercicio consiste pues en ensayar los escenarios que más tememos, de una manera un poco más lúdica y dentro de un ambiente seguro.

Así por ejemplo, si tu miedo es al fracaso económico y la pobreza, puedes designar un par de días al mes para vivir con lo absolutamente mínimo: comer la comida más básica y en las cantidades mínimas para sobrevivir (sin poner en peligro tu salud, por supuesto), vestir tu peor ropa, etcétera.

También puedes dormir en el suelo al costado de la cama, o si te animas y tienes un patio o un balcón, dormir a la intemperie.

Probarás que, aún si todo te va mal, tienes más fuerza de la que creías y que vas a poder sobrevivir. Y sobre todo, que ni los peores escenarios son tan terribles como creías.

Otro ejercicio interesante para desarrollar nuestros músculos del coraje es ducharse con agua fría (bien fría), si te animas, durante treinta días seguidos.

Es normal que este ejercicio no te guste o que te parezca estúpido. Se trata de ponerse incómodo y de pasarla mal voluntariamente.

Como en cualquier otro aspecto de tu vida, algunos días te será más fácil y otros días las resistencias que crucen tu mente serán más fuertes. Pero cada vez te costará menos no elegir la opción más fácil.

Verás que cuando estés frente a la ducha helada van a empezar a aparecer un montón de excusas en tu cabeza para no hacerlo: esto no sirve para nada, me voy a enfermar, ¿por qué no puedo bañarme con agua tibia como el resto de la humanidad?

Un baño tibio nos remite a cuando estábamos calentitos en el vientre materno flotando en líquido amniótico. Y a veces estar muy cómodo puede ser más peligroso que una ducha fría. Además, para obtener resultados diferentes a los que obtiene la mayoría, debemos hacer las cosas de manera diferente a como las hace la mayoría.

Lo cierto es que, luego de varios días de duchas frías, sin entender mucho cómo ni por qué, te vas a sentir más fuerte, y te habrás familiarizado más con las voces de tu mente que siempre te quieren llevar por el camino más fácil.

EJERCICIO 10:
ATRAPADO POR LAS CÁMARAS

Cuando uno está por hacer algo que le da mucho miedo, empiezan a aparecer los fantasmas y las voces en la cabeza con mil excusas.

Quizás quieres decirle a una persona que te gusta mucho; quizás quieres comunicarle a tu pareja que quieres separarte; o quizás quieres acercarte a entablar una conversación con una eminencia en algo en lo que quieres trabajar... pero siempre aparece esa voz en tu cabeza que te convence de que éste "no es un buen momento".

Para lidiar con eso, te propongo un ejercicio que aprendí de Till H. Gross, a quien tuve el gusto de conocer personalmente en 2014: la próxima vez que estés ante una situación que te genere miedo, antes de hacer nada, saca tu teléfono celular y mirando a la cámara, graba un breve video explicando lo siguiente:

1. ¿Qué vas a hacer?
2. ¿Por qué es importante para ti?
3. Termina el video diciendo "en unos minutos vuelvo y te cuento cómo me fue".

Ni bien termines aquello que debías hacer, deberás volver a filmarte con tu teléfono celular y contar tu experiencia:

Si lo hiciste, explicarás cómo te fue, cómo te sentiste y si fue tan terrible cómo temías.

Si no lo hiciste, explicarás por qué no lo hiciste, cómo te sentiste (miedo, vergüenza, etc.) y qué te faltó.

El hecho de tener que volver a enfrentarnos con nosotros mismos unos minutos más tarde, mirarnos a los ojos y rendirnos cuentas sobre qué hicimos y qué no hicimos con eso que dijimos que era tan importante para nosotros, es muy poderoso.

Los celulares con cámara frontal son ideales porque puedes mirarte a los ojos mientras te hablas a ti mismo. Si no tienes un teléfono celular con cámara, puedes ir al baño más cercano y hacer el mismo ejercicio mirándote a los ojos en el espejo. Ni bien termines aquello que debías hacer, deberás volver frente al espejo para hacer la segunda parte del ejercicio.

La práctica reiterada de este ejercicio, nos hace tomar consciencia de en qué nos estamos fallando, y casi inevitablemente nos lleva a tomar acción. Es que a nadie le gusta tener que mirarse a los ojos y justificar sus fracasos, y mucho menos tener una colección de videos con mil excusas de por qué no hicimos lo que queríamos hacer.

Luego de unas cuantas veces, probablemente estemos haciendo eso que tanto temíamos, con tal de no volver a quedar grabados en un video justificando por qué una vez más nos ganó el miedo.

CAPÍTULO 7

¿Qué harías si no tuvieras miedo?

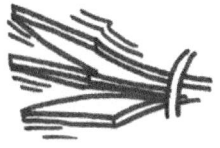

Además de los aspectos negativos ya mencionados acerca del miedo, también existe un aspecto positivo de este sentimiento: el miedo como motivador o como motor de la acción.

Es lo que ocurre cuando empezamos de atrás hacia adelante, imaginándonos cómo nos sentiríamos si no alcanzáramos nuestros objetivos. Cuando algo que desees te dé miedo, proyéctalo en el futuro (10 años por ejemplo): ¿cómo te sentirás si aún no has hecho nada al respecto?

Algunos incluso usan a otros como imagen de referencia para generarse valor: "no quiero terminar viviendo en la pobreza como mis padres".

Lo que hacemos es cambiar el foco de atención. En lugar de preocuparnos por el sinfín de peligros y de temibles consecuencias por intentarlo y fallar, nos enfocamos en el costo que tendría NO intentarlo. Podríamos llamarlo también "el miedo a arrepentirse de no haberlo intentado" o el miedo a llegar a viejos y preguntarnos "¿qué hubiera pasado si...?".

Digamos por ejemplo que entras a un bar y te gusta una chica, pero te da mucho miedo acercarte a ella y que te rechace. Entonces deberás comparar el sufrimiento que te causaría su rechazo versus el sufrimiento que te causaría volver a tu casa con la duda de qué hubiera dicho si te hubieses animado a hablarle.

No hay una acción correcta ni una incorrecta. Evaluaremos en cada caso el costo de una y otra opción, y si no nos engañamos, elegiremos la que nos haga sentir mejor con nosotros mismos. No siempre lo que nos hace sentir mejor es ir al frente como un kamikaze, ni tampoco lo contrario.

Normalmente nos resistimos a hacer algo hasta que sentimos que el sufrimiento que implica realizarlo es inferior al sufrimiento de continuar en la situación actual.

Por ejemplo, mucha gente vive quejándose de su trabajo o de su pareja, y amenazan constantemente con renunciar o separarse, pero ese momento parece no llegar nunca. Es evidente que, por más que se quejen, esas relaciones tóxicas les reportan algún beneficio (seguridad económica, no estar solos, etcétera). Sólo cuando consideren que el sufrimiento de dar ese paso no puede ser peor que el de continuar en la situación actual, recién entonces accionarán.

En conclusión, encontraremos más fácilmente el coraje para tomar acción cuando, luego de evaluar nuestra realidad: 1) el potencial sufrimiento de dar ese paso no sea peor que el de quedarnos como estamos, o 2) la posible nueva realidad sea tan buena que haga que, en comparación, nuestra situación actual se vuelva insoportable.

IDEA 10:
BUSCAR FRACASAR

La tan mencionada "Zona de Confort" nace de un experimento con ratones llevado a cabo por los psicólogos Robert M. Yerkes y John D. Dodson, allá por 1908.

En el experimento, los psicólogos descubrieron que el rendimiento mejora al recibir un estímulo, pero sólo hasta un nivel determinado de estimulación: "nivel de ansiedad óptima". Por debajo de ese nivel, nos quedamos estancados en la denominada "Zona de Confort". Cuando se pasa de ese nivel, nos invade el estrés, y el rendimiento disminuye nuevamente.

En palabras más sencillas, necesitamos estar "un poquito incómodos". Si estamos demasiado cómodos, no querremos levantarnos del sillón; y si nos sobre-exigimos, nos saturaremos, nos frustraremos, y volveremos al maldito sillón. Muchas veces hacemos esto último adrede, para confirmar que "no se puede" y que nunca deberíamos haberlo intentado.

Entonces, si buscamos evitar el fracaso, jamás ampliaremos los límites de nuestra zona de confort, y por ende, jamás creceremos. ¿Pero cómo sabemos cuáles son nuestros límites? Esto es lo interesante: buscando fracasar.

Por ejemplo, si lo que queremos es correr, la primera vez deberemos intentar correr lo máximo que podamos para conocer nuestro límite. Supongamos que nuestro límite son 2 kilómetros. Solamente podremos superar este límite buscando correr, digamos, 3 kilómetros (lo cual hoy es algo que está fuera de nuestras posibilidades aparentes, fuera de nuestra zona de confort).

Es decir, debemos buscar hacer algo que no sabemos o que no podemos. Algo en lo que lo más probable, y quizás lo más lógico, es que no lo logremos (en este caso correr 3 kilómetros). Eso es buscar el fracaso. Eso es amigarse con el fracaso.

> *"Uno no debe perseguir objetivos que se consiguen fácilmente. Se debe desarrollar un instinto para aquello que uno apenas puede lograr a través de su máximo esfuerzo".*
>
> Albert Einstein

En 1954 Roger Bannister fue el primer corredor en recorrer una milla en menos de cuatro minutos. Hasta ese momento, eso era considerado humanamente imposible. Sin embargo, su record duró tan sólo 46 días cuando fue superado por el australiano John Landy, y al poco tiempo, por más de una decena de corredores.

El problema entonces no era de la estructura del cuerpo humano, sino un tema de falsas creencias. Era mental.

Estos corredores sólo necesitaban que otro hombre les mostrara que, lo que ellos creían imposible, era en realidad posible. No pudieron salir de su zona de confort hasta que alguien más les mostró que era seguro.

Buscar fracasar no sólo es empujar los propios límites, es buscar la auto-superación. Y para ello, debemos proponernos llegar hasta esa zona que está apenas por encima de nuestra máxima capacidad actual.

EJERCICIO 11:
BUCKET LIST

El Bucket List es una lista de deseos que a uno le gustaría cumplir antes de morir. Este término proviene de la expresión anglosajona *kick the bucket*, que podría traducirse como "estirar la pata".

La idea principal es no irse de este mundo con cosas por hacer o sueños por cumplir.

Comenzar a escribirla es la primera muestra de que estamos tomando en serio nuestros sueños y de que nos estamos comprometiendo con nuestra vida.

Es importante que anotes todo lo que venga a tu mente para que tu lista sea realmente sincera. Evita los prejuicios que seguramente pasarán por tu mente, tales como: "eso es una tontería", "eso otro es demasiado bueno para mí", "jamás podré pagarme un viaje a la China", etcétera.

Y si bien hacer la lista ya es empezar a soñar, comenzar a cumplir sueños y ver cómo vamos tachando una por una las cosas de la lista, es la mejor parte.

Así que ahora saca un lápiz y papel, y comienza a escribir (también existen aplicaciones de celular para hacer tu Bucket List). Por si necesitas un poco de orientación, las siguientes preguntas son sólo a modo de guía:

1. Si fueras a morir mañana, ¿qué harías hoy?
2. Si tuvieras una cantidad ilimitada de tiempo, dinero y recursos, ¿qué harías con ellos?

3. ¿Qué es eso que siempre has querido hacer pero que, por una u otra razón, aun no lo has hecho?
4. ¿Qué lugares o países te gustaría visitar?
5. ¿A quién desearías conocer en persona?
6. ¿Qué nuevas habilidades desearías aprender?
7. ¿Qué experiencias quisieras tener?
8. ¿Hay algo que quisieras decirle a otras personas y que nunca se los has dicho?
9. ¿Qué logros te gustaría alcanzar?
10. ¿Hay algún legado que quisieras dejarle al mundo cuando ya no estés aquí?

EJERCICIO 12:
QUE PAREZCA UN ACCIDENTE

Normalmente, solemos vivir la vida como en piloto automático. Pero cada tanto, la vida nos hace sonar una alarma para despertarnos. A veces, esa alarma es un accidente automovilístico, otras veces es un infarto, o la muerte de algún ser querido...

Cuando suena alguna de esas alarmas, solemos replantearnos el modo en que estamos viviendo, cómo administramos nuestro tiempo y cuáles son nuestras prioridades.

Lamentablemente, en la mayoría de los casos, al cabo de un corto tiempo, nos vamos olvidando de la alarma y volvemos poco a poco al piloto automático. Otras veces nos buscamos distracciones para anestesiarnos y poder ignorar la alarma. Algo así como si cuando suena la alarma que indica que se está incendiando el edificio, en lugar de apagar el incendio o llamar a los bomberos, subimos el volumen de la música para no escucharla.

¿Pero qué pasaría si pudiéramos hacer sonar estas alarmas intencionalmente? ¿Podríamos autogenerarnos "miedo al arrepentimiento" como mecanismo para forzarnos a tomar acción? Sería algo así como sufrir un accidente automovilístico o un infarto, pero sin sufrirlo realmente (sólo poder sentir el miedo a irnos de este mundo sin haber cumplido todo eso que venimos postergando).

Quienes hemos experimentado alguno de estos avisos fuertes que nos envía la vida, decimos muchas veces que "hemos vuelto a nacer". Sería como arrancar nuestra segunda vida, como en un videojuego. ¿Cómo podríamos engañar a nuestro cerebro para que recree esa sensación de "volver a nacer" sin necesidad de recibir un golpe tan fuerte?

1. Lo primero que debes hacer es crear momentos contigo mismo, sin preocupaciones de trabajo ni distracciones como televisión, teléfono celular, internet, etcétera. A mucha gente le cuesta mucho estar realmente a solas y conectarse con su voz interior.
2. Piensa en ese sueño que tienes revoloteando ahí en tu mente hace ya un tiempo. Trata de imaginar lo más vívidamente posible cómo te sentirías mientras lo intentas, e intenta conectarte con la sensación de alcanzar ese sueño u objetivo.
3. Ahora viaja mentalmente en el tiempo un año hacia el futuro y trata de imaginar cómo te sentirás si no lo intentas. Tómate tu tiempo y piensa en las experiencias y las oportunidades valiosas que te perderás tan sólo por no animarte a intentarlo. Si fueras a morirte, ¿qué preferirías? ¿Haberlo intentado y que no te haya ido bien, o no haberlo siquiera intentado y quedarte con la duda?
4. ¿Lo pensaste? Ahora siéntelo. Siente en tus huesos la frustración de haber dejado pasar un año más de tu vida y no haber hecho nada al respecto.
5. Deja este libro por un rato, y ve a dar ese primer paso que vienes postergando: puedes empezar con esa llamada telefónica incómoda, anotándote en ese curso del que te han hablado, etcétera. ¿Por qué habrías de esperar hasta mañana?

> "Un viaje de mil millas comienza con un primer paso".
>
> LAO TZU

CAPÍTULO 8

¿Por qué no ahora?

> *"La utopía está en el horizonte. Camino dos pasos, ella se aleja dos pasos y el horizonte se corre diez pasos más allá. ¿Entonces para qué sirve la utopía? Para eso, sirve para caminar."*
>
> EDUARDO GALEANO

Si no damos el primer paso, todo lo anterior quedará en simples buenas intenciones, y todo volverá a como estaba.

Es que el primer paso es el más importante. Una vez que comenzamos a caminar sobre las brasas calientes, no nos detendremos hasta haber cruzado al otro lado.

Si no hacemos los cambios estructurales en nuestra vida para ajustarla a nuestros valores y objetivos, esto habrá sido simplemente una lectura más, sin ninguna mayor trascendencia. Si en cambio nos animamos a hacer la ingeniería necesaria en nuestra vida para incorporar estos cambios, el juego habrá cambiado para siempre.

"El aleteo de las alas de una mariposa puede provocar un Tsunami al otro lado del mundo" (proverbio chino). El **"Efecto Mariposa"** (término creado por el meteorólogo y matemático Edward Lorenz) es un concepto de la teoría del caos, que en líneas generales consiste en que: dadas unas determinadas condiciones iniciales idénticas entre dos situaciones, cualquier mínima variación que se introduzca en una de ellas, generará que ambos sistemas evolucionen de formas completamente diferentes.

Aplicando esta teoría de la ciencia en la filosofía, podríamos decir que las pequeñas acciones que hagamos hoy, pueden generar grandes cambios en nuestro futuro.

Las etapas anteriores pueden resultarnos divertidas (pensar en lo que nos gusta, soñar con alcanzar objetivos, etcétera). Pero ésta es probablemente la parte más incómoda, la que pondrá a prueba cuán lejos estamos dispuestos a llegar para vivir una vida coherente con eso que hace vibrar nuestro corazón.

Uno puede leer muchos libros sobre cuánto duelen los músculos después de ir al gimnasio por primera vez, pero sólo yendo al gimnasio y levantando peso y ejercitando aquellos músculos que durante mucho tiempo no habían sido ejercitados, sentiremos aquella sensación de dolor sobre la que leímos.

No nos dejemos engañar, no hay recetas mágicas. Los sueños no se convierten en realidad soñando, sino trabajando. La magia ocurre sólo cuando pasamos todas nuestras buenas ideas e intenciones a la acción, e invertimos tiempo y esfuerzo, trabajando duro para alcanzar una vida coherente con quienes realmente somos.

Y lo más importante: todo ese esfuerzo y trabajo duro, no debería impedirnos disfrutar del camino. Es que nadie nos asegura que vayamos a cumplir ningún objetivo. De lo que se trata es de aprender a disfrutar de este proceso de transformación, con todos sus traspiés y sus momentos de incomodidad. Sin eso, nada de esto tiene sentido.

IDEA 11:
QUE EMPIECE LA ACCIÓN

> *"...podemos comprender por qué nuestra doctrina horroriza a algunas personas. Porque a menudo no tienen más que una forma de soportar su miseria, y es pensar así: Las circunstancias han estado contra mí; yo valía mucho más de lo que he sido; evidentemente no he tenido un gran amor, o una gran amistad, pero es porque no he encontrado ni un hombre ni una mujer que fueran dignos; no he escrito buenos libros porque no he tenido tiempo para hacerlos; no he tenido hijos a quienes dedicarme, porque no he encontrado al hombre con el que podría haber realizado mi vida. Han quedado, pues, en mí, sin empleo, y enteramente viables, un conjunto de disposiciones, de inclinaciones, de posibilidades que me dan un valor que la simple serie de mis actos no permite inferir".*
>
> Jean Paul Sartre

Para Sartre, sólo cuenta la realidad. No importa qué edad tengamos, cuánto dinero haya en nuestra cuenta bancaria o qué discapacidades digamos que tenemos... No somos más que la suma de nuestras acciones.

Debemos dejar de esperar siempre las condiciones perfectas para iniciar nuestros proyectos. Nunca va a ser el momento perfecto. Para avanzar en cualquier cosa que nos propongamos necesitamos progreso, no perfección. El perfeccionismo es tan paralizante como el miedo, y nos provoca la denominada **parálisis por análisis**, que consiste en pensar y repensar todas las posibles vicisitudes y nunca pasar a la acción.

Cuando elegimos apretar RESET y tomar acción, nos puede ir bien, más o menos, o muy mal, pero lo único que sabemos con seguridad es que terminaremos en un lugar distinto del que arrancamos.

Avanzaremos, retrocederemos, o nos moveremos hacia el costado. Tendremos problemas más leves o más graves. Pero serán otros problemas, ya no serán los mismos de siempre. Será un nuevo escenario con otras características y nuevos desafíos. Como sea, ya no estaremos en el mismo lugar.

Pero tenemos que estar bien preparados, porque los momentos de debilidad y de dudas van a venir. Vamos a preguntarnos varias veces por qué hacemos lo que hacemos y por qué no podemos ser más como la mayoría.

Si las razones detrás de nuestras acciones no tienen raíces fuertes, es muy probable que ante la primera o segunda crisis, no encontremos fuerzas o recursos suficientes para volver a enfrentar tanto dolor y tantas frustraciones.

Es que, sobre todo al comienzo de este camino, vamos a sentir que hemos cambiado para peor. Muchas veces vamos a estar peor de lo que estábamos antes; y no todos están dispuestos a hacer cambios para estar peor, aun cuando eso sea provisorio.

Cuando nos alejamos del punto A y aun no vemos el punto B, perdemos los beneficios que teníamos antes y aun no los reemplazamos por los nuevos del punto B. Puede que nos encontremos peor económicamente, peor emocionalmente, más incómodos, etcétera. En esos momentos es importante tener en claro por qué hacemos las cosas.

> *"Una acción puede no siempre traer felicidad, pero no hay felicidad sin una acción".*
>
> Benjamin Disraeli

IDEA 12:
EL PODER DE LA SINCRONICIDAD

Cuando empecemos esta transformación, y comencemos a adaptar nuestra rutina a nuestros valores y objetivos, empezarán a sucedernos cosas impensadas para nosotros, pero que a su vez son absolutamente lógicas para ese nuevo estilo de vida que queremos vivir. Es el poder de la **sincronicidad**.

Es sencillo. En líneas generales, a los médicos suelen sucederles cosas de médicos, a los deportistas suelen sucederles cosas de deportistas, a los ladrones suelen sucederles cosas de ladrones, a los ricos suelen sucederles cosas de ricos, etcétera.

También es común que cuando queremos comprarnos cierto auto o un modelo de zapatillas determinado, de repente comenzamos a verlos por todas partes. ¿Acaso todo el mundo ha tenido la misma idea o simplemente nuestro foco de atención hace que ahora nos llamen más la atención?

Cuando ocurren estas cosas, sentimos como si el universo nos estuviera mandando una señal. En 1952, Carl Jung acuñó el concepto de "sincronicidad" para definir la presentación simultánea de dos hechos que no se encuentran vinculados por una relación de causa y efecto, sino por su significado.

Según Jung, cuando pasamos por experiencias fuertes tales como un divorcio, un cambio de trabajo, o cuando sufrimos la muerte de alguien cercano, estamos más propensos a experimentar sincronicidades, posiblemente porque nuestra transformación interna nos lleva a buscar patrones que le den sentido a eso que estamos viviendo.

Un ejemplo muy famoso de sincronicidad le ocurrió al actor Anthony Hopkins, quien cuando fue contratado para actuar en la película *La mujer de Petrovka*, quiso ir a comprar la novela en la que se basaba el guión, pero no la pudo conseguir en ninguna librería. Cuando estaba sentado en un banco de la estación del Metro esperando para regresar a su casa, encontró dicho libro abandonado sobre el banco junto a él.

Dos años más tarde se sorprendió aún más, cuando descubrió que ese mismo ejemplar que había encontrado abandonado y todo lleno de anotaciones, pertenecía a George Feifer, el autor de la novela a quien conoció durante el rodaje de la película.

Es que cuando empezamos a hacer cosas que se alinean con lo que queremos lograr, empiezan a sucedernos las cosas que les suceden a quienes viven eso que nosotros queremos vivir. De esto se trata el concepto de "construir nuestro futuro en base al presente" del que hablábamos en el capítulo 2.

Entonces tenemos que trabajar en nuestro presente (que es lo único real que tenemos), para alinear nuestra vida con aquello que queremos vivir.

> *"Estoy abierto a la guía de la sincronicidad, y no dejo que las expectativas obstaculicen mi camino".*
>
> DALAI LAMA

Algunos se atreven a ir un paso más allá y sugieren que incluso es válido "simular" para hacer este cambio de paradigma. En inglés lo llaman *"Fake it till you make it"*, y se trata de actuar como si algo fuera cierto (incluso si aún no lo es), hasta que tengamos la experiencia o las herramientas necesarias en la realidad. No se trata de mentir, sino de confiar de tal forma en nuestras habilidades, que simplemente nuestra seguridad precede a nuestra experiencia.

Un ejemplo de esto sería mostrarnos más seguros de lo que en realidad estamos durante una entrevista de trabajo o una cita. Esto probablemente hará que nuestro desempeño sea mejor, lo cual a su vez nos dará la seguridad que originalmente fuera simulada.

Del mismo modo que el efecto placebo demuestra que nuestras expectativas pueden ayudar a curarnos en algunos casos, o tal como las profecías auto-cumplidas muestran que nuestras predicciones pueden influir directamente sobre un resultado, así mismo podemos también manipular nuestra confianza en determinadas situaciones.

Algunos terapeutas utilizan esta técnica en casos de pacientes que sufren de depresión, pidiéndoles que "actúen" como si estuvieran disfrutando de la vida. Es como si sólo con sonreír, ya engañáramos a nuestro cerebro y éste creyera que estamos contentos. Puede que al principio se sienta un poco artificial, pero al parecer, pronto se vuelve más natural.

Podemos creer en la sincronicidad o no, del mismo modo que podemos creer en la fuerza de gravedad o no. Pero lo cierto es que si cuando sostenemos un plato con la mano, lo soltamos, éste se caerá al piso. Independientemente de que creamos en la fuerza de gravedad o no.

Del mismo modo, cuando finalmente nos decidimos a apretar RESET y tomar acción, y comenzamos a adaptar nuestra vida a nuestros valores y objetivos, empezarán a sucedernos cosas acordes con ese nuevo camino que estamos arrancando.

EJERCICIO 13: EXPERIMENTO 365

Cuando vemos a alguien jugar demasiado bien a un deporte o dominar algún instrumento musical, solemos caer en la tentación de pensar cosas como: "este hombre nació para esto" o "esta persona está tocada por la barita mágica".

Esta simplificación de atribuir la habilidad a la intervención divina, a cuestiones genéticas o a "talentos especiales" es muy tentadora, porque nos exime de tener que esforzarnos para mejorar y poder llegar a ese nivel.

Si bien existen algunas condiciones innatas favorables para ciertas actividades, como ser alto para jugar al baloncesto, la evidencia nos muestra cada vez más que los expertos no nacen, sino que se hacen.

Malcolm Gladwell dice que se tarda aproximadamente diez mil horas de práctica para lograr la maestría en un campo. Diez mil horas de práctica es algo así como diez años de formación a tiempo completo. No solamente hoy en día casi nadie dispone de tanto tiempo, sino que además, semejante cantidad de horas sólo son necesarias para competir en la elite mundial de alguna disciplina.

Salvo que nuestro objetivo sea competir en la elite mundial de aquello que venimos postergando (para lo cual son necesarios una serie de sacrificios y un estricto estilo de vida, que hacen que muy pocas personas estén dispuestas a pagar ese precio), este ejercicio es suficiente para convertirnos en lo que una persona promedio considera normalmente como un experto. Es decir, alguien que simplemente ha superado la "barrera de frustración" que normalmente encontramos en todas las actividades que comenzamos desde cero.

Lo que este ejercicio propone es: que asumas el compromiso de realizar 365 horas de práctica responsable en aquello en lo que quieres desarrollarte, y ver hasta qué nivel puedes llegar.

Según los autores del blog "Expert in a Year" (Experto en un Año), una hora de práctica por día todos los días durante un año, te hará mejor que 99 de cada 100 personas que te cruces en la calle (en el área específica de lo que estés entrenando). Pero también advierten que podría tomarte unos 9 años más, superar a esa última persona.

Así que elije tu disciplina y prepárate para un año diferente. Comienza tu Experimento 365.

Y para que esto no sea como todas esas resoluciones de Año Nuevo que se rompen antes de que llegue Febrero, puedes filmarte un rato cada día, para monitorear y llevar un registro de tu progreso. Ser testigo de tu propia evolución es una poderosa herramienta de motivación.

También puedes ir tachando los días cumplidos en la siguiente tabla:

Me comprometo a:..una hora por día todos los días durante 365 días.

				365	364	363	362	361	360
359	358	357	356	355	354	353	352	351	350
349	348	347	346	345	344	343	342	341	340
339	338	337	336	335	334	333	332	331	330
329	328	327	326	325	324	323	322	321	320
319	318	317	316	315	314	313	312	311	310
309	308	307	306	305	304	303	302	301	300
299	298	297	296	295	294	293	292	291	290
289	288	287	286	285	284	283	282	281	280
279	278	277	276	275	274	273	272	271	270
269	268	267	266	265	264	263	262	261	260
259	258	257	256	255	254	253	252	251	250
249	248	247	246	245	244	243	242	241	240
239	238	237	236	235	234	233	232	231	230
229	228	227	226	225	224	223	222	221	220
219	218	217	216	215	214	213	212	211	210
209	208	207	206	205	204	203	202	201	200
199	198	197	196	195	194	193	192	191	190
189	188	187	186	185	184	183	182	181	180
179	178	177	176	175	174	173	172	171	170
169	168	167	166	165	164	163	162	161	160
159	158	157	156	155	154	153	152	151	150
149	148	147	146	145	144	143	142	141	140
139	138	137	136	135	134	133	132	131	130
129	128	127	126	125	124	123	122	121	120
119	118	117	116	115	114	113	112	111	110
109	108	107	106	105	104	103	102	101	100
99	98	97	96	95	94	93	92	91	90
89	88	87	86	85	84	83	82	81	80
79	78	77	76	75	74	73	72	71	70
69	68	67	66	65	64	63	62	61	60
59	58	57	56	55	54	53	52	51	50
49	48	47	46	45	44	43	42	41	40
39	38	37	36	35	34	33	32	31	30
29	28	27	26	25	24	23	22	21	20
19	18	17	16	15	14	13	12	11	10
9	8	7	6	5	4	3	2	1	0

EJERCICIO 14:
VIAJE EN EL TIEMPO

> *"Recordar que voy a morir pronto es la herramienta más importante que haya encontrado para ayudarme a tomar las grandes decisiones de mi vida.*
>
> *Porque prácticamente todo, las expectativas de los demás, el orgullo, el miedo al ridículo o al fracaso se desvanece frente a la muerte, dejando sólo lo que es verdaderamente importante.*
>
> *Recordar que vas a morir es la mejor forma que conozco de evitar la trampa de pensar que tienes algo que perder. Ya estás desnudo. No hay razón para no seguir a tu corazón".*
>
> STEVE JOBS

Si tuvieras 99 años y estuvieras muriendo en tu cama, pero tuvieras la posibilidad de apretar RESET y volver a este preciso momento, ¿qué harías? ¿Seguirías haciendo lo que estás haciendo? ¿Seguirías en tu empleo? ¿Seguirías con tu actual pareja? ¿Cambiarías algo de tu vida presente? ¿Qué le diría tu yo del futuro a tu yo del presente si pudieran hablar por un minuto? ¿Qué le dirías a tu yo de hace 10 años si pudieras hablar con él o ella por un minuto?

Se terminó de imprimir en Impresiones Dunken
Ayacucho 357 (C1025AAG) Buenos Aires
Telefax: 4954-7700 / 4954-7300
E-mail: info@dunken.com.ar
www.dunken.com.ar
Octubre de 2017

www.ingramcontent.com/pod-product-compliance
Lightning Source LLC
Chambersburg PA
CBHW031448040426
42444CB00007B/1026